Ulrike Handke · Der Mutmacher

W0052114

Ulrike Handke

Der Mutmacher
Ratgeber für den
pädagogischen Berufseinstieg

Cornelsen online http://www.cornelsen.de

Gedruckt auf chlorfrei gebleichtem Papier
ohne Dioxinbelastung der Gewässer.

Die Deutsche Bibliothek – CIP-Einheitsaufnahme
Handke, Ulrike: Der Mutmacher: Ratgeber für den pädagogischen
Berufseinstieg; [dieses Werk berücksichtigt die Regeln der reformierten
Rechtschreibung und Zeichensetzung] / Ulrike Handke. –
Berlin: Cornelsen Scriptor, 1997
    ISBN 3-589-21126-1

Dieses Werk berücksichtigt die Regeln der reformierten
Rechtschreibung und Zeichensetzung.

6.	5.	4.	3.	2.	✓	Die letzten Ziffern bezeichnen
03	02	01	2000	99		Zahl und Jahr des Drucks.

© 1997 Cornelsen Verlag Scriptor GmbH & Co. KG, Berlin
Das Werk und seine Teile sind urheberrechtlich geschützt. Jede Verwertung in ande-
ren als den gesetzlich zugelassenen Fällen bedarf der vorherigen schriftlichen Ein-
willigung des Verlags.
Herstellung: Brigitte Bredow, Berlin
Umschlaggestaltung: Studio Lochmann, Frankfurt am Main,
unter Verwendung einer Illustration von Klaus Puth
Illustrationen: Klaus Puth, 63165 Mühlheim
Satz: FROMM MediaDesign GmbH, Selters / Ts.
Druck und Bindung: Clausen & Bosse, Leck
Printed in Germany
ISBN 3-589-21126-1
Bestellnummer 211261

Inhalt

Zu diesem Ratgeber

*W*arum schreibe ich einen solchen Ratgeber? Mit welcher Kompetenz, mit welcher Absicht, für welche Zielgruppe? Gibt es denn nicht schon genügend Bücher über Pädagogik, Methodik, Didaktik, Schule, Lehrer, Referendare und Lehramtsanwärter? Ich denke: einerseits ja, andererseits nein. Wissenschaftliche und universitär geprägte Literatur zu dieser Thematik gibt es viel, aber mir sind bisher wenige Bücher begegnet, die den Alltag von Lehrenden direkt beschreiben, ihnen bei ihren akuten Sorgen und Nöten helfen. Viele Ausführungen beschäftigen sich mit grundsätzlichen Theorien, wenige aber damit, was man gleich morgen tun könnte um besser über die Runden zu kommen. Diese Ebene liegt jenseits aller wissenschaftlichen Theorien.

Gleich zum Letzten: Ich bezweifle, dass Sie dieses „Werk" in irgendeiner Literaturliste verwenden können. Es erhebt nicht den allergeringsten Anspruch auf Wissenschaftlichkeit oder Objektivität, was auch immer das im pädagogischen Bereich bedeuten mag. Ich unterrichte seit 23 Jahren und denke, ich weiß, wovon ich rede. Ich kenne alle Schultypen, besonders gut die Gesamtschule. Ich schreibe hier auf, was nach meinen Erfahrungen im Westen und Osten der Stadt Berlin als Mentorin, Fachbereichsleiterin und Fachseminarleiterin ein Praktikant, ein Lehramtsanwärter, ein Referendar, ein Wiedereinsteiger, aber genauso gut jeder langjährige Praktiker wissen sollte und worüber die einschlägigen Didaktiken und Fachdidaktiken selten Auskunft geben. Es ist das, was ich im günstigsten Fall bei einer Tasse Kaffee vor dem ersten Schultag oder gelegentlich in einer Pause erzähle. Aus den ungläubigen, staunenden, ja auch entsetzten Gesichtern meiner bisherigen Zuhörer habe ich geschlossen, dass solche Inhalte im Studium und in weiteren Ausbildungsabschnitten nicht vermittelt wurden. Es geht um Verhalten, um Einstellungen, um das Überspringen von Fettnäpfen, um Schadenvermeidung und -begrenzung. Sie finden hier kein methodisch-didaktisches Schwergewicht vor – schwer haben Sie es schon genug. Mir geht es mehr um die „Basics", die den Unterbau für das liefern, was Sie in Zukunft machen wollen: vernünftigen Unterricht. „Basics" sind oft trivial. Ihr intellektueller Wert ist gering, ihr Überlebenswert dagegen hoch.

Als erfahrene Kollegin will ich versuchen Ihnen in aller Ehrlichkeit Fragen zu beantworten, mit denen Sie sich wahrscheinlich schon jetzt herumschlagen oder demnächst herumschlagen werden: Warum sind meine Kollegen so, wie sie sind? Bin ich überhaupt eine Lehrerpersönlichkeit? Wenn nicht, kann man sie erlernen? Hat es überhaupt Sinn, dass ich Lehrer werde? Was soll ich anziehen? Was sage ich in wörtlicher Rede zu den Schülern? Was sind das überhaupt für Menschen? Warum sind sie bei anderen ruhig und bei mir nicht? Wie schaffe ich es, Leute zu finden, mit denen ich zusammenarbeiten kann? Wie rede ich mit dem Hausmeister? Wieso fällt mir nichts ein? Woher bekommen andere ihre guten Unterrichtsideen? Etc.

Dieser Ratgeber ist kein Ersatz für Unterrichtsplanung – ohne die geht es nicht. Aber ich kann Ihnen vielleicht ein bisschen das Händchen halten und Ihre Ausgangslage verbessern. Ich bin nicht der Auffassung, dass jeder sein persönliches und pädagogisches Waterloo erleben muss. Mir tut es einfach leid, wenn Leute vermeidbare Fehler machen und wenn es ihnen lange schlecht geht, nur weil keiner jemals Klartext mit ihnen redet. Natürlich kann man Erfahrungen schwer vermitteln, natürlich ist alles subjektiv, aber dennoch … Unser Beruf lebt nun mal vom Prinzip Hoffnung!

Die leidige Gretchenfrage, in welcher geschlechtlichen Form ich dieses Werk verfassen soll, möchte ich nicht beantworten und werde es so handhaben, wie es kommt. Jedes Mal „Lehrerinnen und Lehrer" zu schreiben ist mir zu aufwendig, „LehrerInnen" zu ideologisch und künstlich, neutral wäre „das Lehrerlein", aber das erinnert mich zu stark an „das Urmel" und trifft somit nicht den ernsten Sachverhalt. Vielleicht wird es Leute geben, die genau auszählen möchten, wie oft ich in welcher Situation welche Form benutze – die dürfen das gerne tun! Für die Schülerinnen und Schüler, alle Kolleginnen und Kollegen, Schulleiterinnen und Schulleiter etc. trifft meine nachlässige Bequemlichkeit natürlich auch zu.

Und nun zu Ihnen, lieber Leser!

Ich stelle Sie mir als interessierten Lehrer vor, der für sich und seinen Beruf weiterlernen will, was ja eigentlich in unserem Beruf selbstverständlich sein sollte, aber leider nicht ist. Nun gibt es unter uns eine Gruppe, die Lehramtsanwärter oder Referendare, die „von Amts wegen" zum Lernen über Unterricht verpflichtet sind. Da sie zusätzlich am Berufsanfang stehen, ist hier der größte Gewinn zu erzielen, wenn die gröbsten Fehler vermieden werden. Ich wähle deshalb im Folgenden schwerpunktmäßig die Optik dieser Gruppe, was bis auf wenige sehr spezifische Dinge wie „Hospitieren" und „Ausbilder" aber nicht im Geringsten die Relevanz meiner Ausführungen auch für den gestandenen Praktiker mindert. Der Lehrer, der glaubt fertig zu sein, ist im wahrsten Sinne fertig. Die Optik des Berufsanfängers hat auch den Vorteil, dass alle Facetten schulischer Abläufe beleuchtet werden können. Seien Sie also willkommen, lieber Berufsanfänger!

Keiner wird Sie beneiden und viele werden viel von Ihnen erwarten: In einer Zeit, in der sich die Informationsmenge alle paar Jahre verdoppelt, in einer Zeit, die voller Bewegung ist, wird es Zeit für die Schule, sich zu verändern. Wer soll daran mitarbeiten, wenn nicht Sie? Junge Lehrerinnen und Lehrer sind in der Minderzahl. Je nach gesellschaftlichem Klima werden Sie Exoten oder Hoffnungsträger sein. Fest steht, wir brauchen Sie dringend! Sie haben eine große Verantwortung. Die Rolle der Schule und die der Unterrichtenden ist neu zu definieren. Sie können die notwendige Bildungsreform fordern und sollten die bestehende Lethargie nicht hinnehmen. Sie werden es nicht leicht haben. Sie finden eine Schule vor, die seit Jahrhunderten den gleichen grauen Anstaltskittel trägt, die nach einem militärischen Vorbild in streng getrennte Jahrgangsgruppen gegliedert ist und von Ordnung und Disziplin träumt. Auch Sie werden davon träumen – in dieser Organisationsform bleibt einem ja auch nichts anderes übrig. Obwohl alle Welt von Projekten spricht, werden Ihre Schüler fließbandähnlich alle 45 Minuten mit völlig unabhängigen Wissenshäppchen konfrontiert, obwohl in jeder ernst zu nehmenden Stellenanzeige Teamfähigkeit verlangt wird, geht es hier streng um die Einzelleistung, die durch „Vorsagen" und „Hilfen" gewaltig geschmälert wird, und obwohl Sie von dem Wert ganzheitlicher Lernmethoden gehört haben, werden Sie oft nur Tafel, Kreide und eventuell ein Buch vorfinden. Und wenn Sie mit pädagogischen Ideen schwanger gehen und auf den Rat und die Unterstützung Ihrer Kollegen zählen, werden Sie Mühe haben, in die Gespräche über schöne Reisen und teures Essen, dumme Schüler und schlechte Bücher, über Zipperlein, Kuren und Beihilfeanträge eine Bresche zu schlagen. Aber: Wenn Sie es richtig anfangen, werden Sie Bündnispartner finden. Merke: Nicht alle älteren Kollegen sind unkreativ und fest gefahren.

Sie werden Mut, Energie und Offenheit brauchen, dies alles am besten in Verbindung mit einem gnadenlosen Optimismus – am Anfang ganz besonders und dann durchgehend die nächsten paar Jährchen bis zur Pensionierung.

Welcome to the Club!

Ich bedanke mich!

So ein Ratgeber entsteht nicht im inneren Dialog. Er ist Produkt und Ausdruck beruflicher Kommunikation. Ohne „die anderen" hätte ich ihn weder schreiben können noch wollen.

Ich bedanke mich bei meinem Mann Matthias, der mir in unzähligen Gesprächen interessiert zuhörte, weiterhalf und die Perspektiven eines Nicht-Beamten und Nicht-Lehrers einbrachte, bei meiner Tochter Lisa, die mit ihren sechs Jahren viel Verständnis für das „Hobby" ihrer Mutter aufbrachte, bei meinen Freunden und Kollegen, die das Geschriebene trotz ihrer Arbeitsbelastung lasen, mir Mut machten und wichtige Hinweise gaben, bei Wolfgang, der akribisch Korrektur las und auf einen minimalen linguistischen Standard achtete, bei Prof. Kledzik, der meine Ausführung an seiner umfassenden Berufserfahrung überprüfte, ein Nachwort schrieb und sich für eine Veröffentlichung einsetzte, bei allen Fachseminarteilnehmern, die durch die offene und mutige Darstellung ihrer Schul- und Unterrichtsprobleme die Basis für diese Ausführungen bereitstellten, bei meiner Freundin Dorothea, die meine Ausbilderin war, und nicht zuletzt bei den vielen Schülern, die ich bisher kennen gelernt habe und die mich überzeugt haben, dass sie ein Anrecht auf gute Lehrer haben.

Ulrike Handke   Berlin, im April 1996

Lehrer ...
sollen alles können

Sie haben schon einige von ihnen gesehen. Einige aus der Gruppe, zu der Sie nun auch gehören, die das sind, was sie jetzt schon ein bisschen sind beziehungsweise was Sie werden möchten (unbefristet beamtet zum Beispiel). Sie haben auch diejenigen gesehen, die nicht so sind, wie Sie sind oder sein möchten. Schon sind Ihnen Zweifel gekommen, ob Sie Mitglied in diesem Club sein wollen. Schon haben kleine Männchen in Ihrem Ohr geflüstert: „Der sieht man ja die Lehrerin auf 200 Meter Abstand an!" oder: „Ob ich auch mal so werde wie der da drüben?"

Sie haben vielleicht schon in Lehrerzimmern gesessen, in denen jeder der humanistisch gebildeten Anwesenden an intellektueller Zungenfertigkeit Reich-Ranicki übertreffen wollte, oder in solchen, wo das Fallen einer Masche in dem Reinbaumwollnen mit Muschelmuster einer Sensation gleichkam. Sie haben Gespräche gehört, die Sie unendlich langweilig fanden, und solche, die Ihnen die Haare zu Berge stehen und Sie schwören ließen, dass Sie nie, nie so über Schüler reden würden. Sie haben sich schon nichts ahnend auf Stühle gesetzt, die Ihnen – wie die Reaktion des zur Pause Heimkehrenden zeigte – rein rangmäßig nicht zustanden, oder sind mitleidig gefragt worden, ob Sie neu wären. Irgendwie peinlich, diese Frage, besonders, wenn die rührend magere Antwort „ja" von Schülern mit viel sagendem Blick kommentiert wird. Viel sagend stimmt meist übrigens nicht – die reine Projektion! So wichtig sind Sie denen gar nicht. Tröstet Sie das? Nicht? Verstehe ich.

Sie haben Ihre zukünftigen Kollegen gesehen ohne sie auf der Straße wiedererkennen zu können. Manche wirken selbstbewusst, manche fröhlich, manche gedrückt, andere wichtig, die meisten sehr beschäftigt. Alle gehören dazu in diesem Laden, in dem Sie sich vielleicht noch wie ein Kunde fühlen, wohl wissend, dass sich diese Rolle bald ändern wird. Sie haben sich gefragt: „Woran erkennt man die guten Lehrer? Sind es die lauten oder die mit dem sorgenvollen Gesicht?" Sie halten nach den signifikanten Merkmalen Ausschau. Zu Recht! Wenn schon Lehrer, dann wenigstens gut!

Über die Eigenschaften guter Lehrer wissen alle Bescheid, alle hatten mal mit Lehrern zu tun, alle sind Experten. Entsprechend werden Ansprüche und Erwartungen formuliert: Gute Lehrer sind risikobereit und solide, Vorbilder und Impulsgeber, aufgeschlossen, gut gelaunt und locker. Kompetent greifen sie zu Wandergitarre und PC-Maus und maulen nicht, wenn sie sich als Teilnehmer einer Dienstreise schlaflos auf selbst bezahlten, durchgelegenen Jugendherbergsbetten wälzen. Sie verfügen über eine natürliche Autorität und ein beeindruckendes Charisma – Merkmale, die bei Führungskräften in Wirtschaft und Politik nicht so unbedingt zu finden sind. Gute Lehrer sind Menschen, die bei allem Verständnis für die Jugend auf Grund ihrer moralisch und ethisch hoch stehenden Charaktere der Jugend gütig Grenzen setzen, traditionelle Rollen verlassen und neue vorleben und denen es ebenso selbstverständlich ist, demokratische Werte zu vermitteln wie Apfelkuchen aus Vollkornmehl zu backen. Intrinsisch motiviert ist ihnen ihr Beruf nicht Job, sondern echte Berufung. Kurz, sie sind einfach wunderbar.

Toll, was? Der kleine Schönheitsfehler besteht nur darin, dass sie eben nicht andauernd gut sind, dass sie immer wieder versagen und das Volk, das sie bezahlt, enttäuschen. Sie weigern sich frohgemut gesellschaftliche Fehler zu beheben, klagen, meckern, spielen gar nachmittags Tennis, beleben als diskussionswürdiger Berufsstand die Medien in der Sommerzeit und hin und wieder aus gegebenem Anlass auch mal zwischendurch und sind meist auch gar nicht wunderbar, sondern relativ normal. Sie sind alles, was andere Bevölkerungsgruppen auch sind, ein bisschen eigen vielleicht und bei zunehmendem Alter auch zunehmend merkwürdig, aber das sind alternde Buchhalter, Zahnärzte, Polizisten, Zoowärter oder Busfahrer mit Sicherheit ebenfalls. Zudem muss man – zumindest bei den Mittelstufenlehrern – zu ihren Gunsten vermerken, dass es wahrscheinlich ungesund ist, das gesamte Erwachsenenleben mit Pubertierenden zu verbringen. Und wenn – wie es im Augenblick in vielen Oberschulen der Fall ist – ganze Kollegien kollektiv Midlifekrise und Wechseljahre ansteuern, während ihre akne- und hormongeplagten

Schüler über die Schnürsenkel ihrer halboffenen Markenturnschuhe stolpern, ist das vielleicht einfach auch nicht besonders kompatibel.

Sie jedoch sind jung und erholt und voller Tatendrang. Jedenfalls nehme ich das mal für mich an und hoffe es aus gutem Grund für Sie.

Sehen Sie sich Ihre Kollegen gut an in den nächsten Wochen und Monaten! Die Distanz wird schwinden, Sie werden sich dazugehörig fühlen, wenigstens zu einem Teil dieses Kollegiums. Aber vergessen Sie nicht – nie wieder wird Ihr Blick so klar, so offen, so ungetrübt und so wenig betriebsblind sein wie jetzt. Nutzen Sie diese Distanz, speichern Sie Bilder und Eindrücke!

In diesem Stadium ist solch eine Schule wie ein Aquarium: Alle möglichen Typen ziehen an Ihnen vorbei. Da sind die Sorgenvollen, die Bedenkenträger, die Mausgrauen, die betont Nicht-Mausgrauen, die Selbstgestrickten und die Gestylten, die 50-jährigen Pubertierenden mit Fransenjacke und Cowboystiefeln, die Kumpel, die „Muttis" und die Väterlichen, die Surfer, die mit Lederkluft und Helm, die Geranienzüchter und die Null-Probleme-Typen. Wenn es schön bunt ist, haben Sie Glück. Umso leichter wird es für Sie sein, sich dort irgendwie zu integrieren.

Staunen Sie, gucken Sie und vor allem: Lassen Sie auch Zweifel an Ihrer Entscheidung zu! Zweifel sind kein schlechtes Benehmen. Wer nie daran zweifelt, ein guter Lehrer zu sein oder zu werden, ist ein schlechter Lehrer!

Und während Sie noch staunen und zweifeln, können Sie schon mal den Hausmeister aufsuchen. „Make friends with the caretaker!" wurde mir als eine der ersten Regeln vor Diensteintritt an einer englischen Schule mit auf den Weg gegeben. Das gilt auch hier. Erzählen Sie dem Herrn, dass Sie hier neu sind, wie Sie heißen und dass Sie sich in Notfällen doch sicher an ihn wenden können.

Die Sekretärin haben Sie bereits kennen gelernt, fragen Sie dort unbedingt nach einer Telefonliste des Kollegiums, kündigen Sie auch dort an, dass Sie eventuell Hilfe anfordern werden! Kaum ein Mensch kann widerstehen, wenn sein Rat und seine wie auch immer geartete Erfahrung gefragt ist. Es ist empfehlenswert, diese Damen und Herren nicht wie Personal zu behandeln, sondern ihnen als Kolleginnen und Kollegen gegenüberzutreten, die sie ja auch letzten Endes sind.

Erkunden Sie den Standort des Fotokopierers (vielleicht auch nur des Umdruckgerätes), Sie brauchen ihn schneller, als Sie denken. Im Übrigen ist der Fotokopierer an einer Schule so etwas wie ein modernes Lagerfeuer – hierher kommen alle. Auch hier können Sie Ihre Kollegen gut kennen lernen. Sagen Sie einfach, dass Sie Zeit haben und andere vorlassen können, und schon ergibt sich Gelegenheit für wunderbare Verhaltensstudien.

Hospitieren ...
öffnet die Augen

Sie sollen oder wollen hospitieren. Auch Wiedereinsteiger sollten das wollen und dürfen. Eigentlich sollten alle es von Zeit zu Zeit tun.

Versuchen Sie gleich bei Ihrem Antrittsbesuch Ihren neuen Schulleiter davon zu überzeugen, dass Sie unbedingt ein paar Tage – am besten eine ganze Woche – hospitieren dürfen. Das ist vielleicht nicht üblich, aber es lohnt sich für alle Beteiligten. Durch diese Woche können Sie sich, Ihrer Schulleitung und vor allem Ihren zukünftigen Schülern viel Ärger und Missverständnisse ersparen. Eine hervorragende Investition.

Nennen Sie für Ihre Bitte gute Gründe: Sie haben Bedenken richtig auf die Schüler reagieren zu können, weil Sie so lange „raus waren", weil Sie in einem anderen Schultyp, in einem anderen Umfeld unterrichteten, weil eine erfahrene Kollegin Ihnen das ganz dringend geraten hat etc. Die „Anfänger" müssen sowieso von Amts wegen hospitieren.

Hospitieren ist keine Sache, die man als untergeordnet betrachten sollte. Erstens werden Sie nie wieder diese Gelegenheit erhalten – ein Recht auf regelmäßige Hospitationen endet zur Zeit leider, sobald Sie Ihre Ausbildung beendet haben. Also jetzt oder nie die Chance ergreifen, anderen bei der Arbeit zuzusehen. Zweitens kann man dabei in der Tat unendlich viel lernen.

Also dann – wie findet man die Kollegen, bei denen man sinnvoll hospitieren könnte? Vielleicht regelt das der Schulleiter oder der Fachbereichsleiter für Sie, vielleicht sagen diese aber, Sie sollten sich selber jemanden aussuchen.

Das hört sich zunächst sehr angenehm an, kann aber die Sache auch komplizieren. Ihre zukünftigen Kollegen zeigen unter Umständen ein Verhalten, dass Sie nicht erwartet haben. Hatte man Sie zunächst mit mehr oder weniger offenen Armen empfangen, machen jetzt viele schlicht gesagt dicht. Am Tisch im Lehrerzimmer unverbindliche Ratschläge geben – ja, aber jemand mit in den Unterricht nehmen – ach, herrje! Auf Ihre freundliche Frage hin, ob Sie nicht morgen oder am besten gleich heute mal in den Unterricht mitkommen dürfen, werden Sie mit allen möglichen Ausreden abgefertigt: „Heute lohnt es sich nicht!", „Heute machen wir nichts Besonderes!", „Heute schreiben wir eine Arbeit!", „In dem Kurs geht es nicht – der ist einfach unmöglich!" Sie gewinnen allmählich den Eindruck, dass an dieser Schule eigentlich überhaupt kein Unterricht stattfindet, der es wert ist, gesehen zu werden. Sie werden das nicht verstehen, Sie werden sich abgelehnt fühlen, Sie wollen doch einfach nur zusehen und dabei etwas lernen.

Sie müssen dazu Folgendes wissen: Vielen Lehrern ist es peinlich, im Unterricht beobachtet zu werden. Dafür gibt es verschiedene Gründe: Erstens sind sie es einfach nicht gewohnt, dass jemand „mit drin" ist, dass sie Entscheidungen begründen müssen, dass es eventuell sogar einen Rechtfertigungszwang geben könnte. Viele sind es gewohnt, wie kleine Fürsten hinter sich die Tür zu schließen und dann keinem mehr Rechenschaft schuldig zu sein.

Zweitens ist es vielen von uns (hier schließe ich mich mit meiner mehr als 20-jährigen Diensterfahrung schamvoll ein) außerordentlich unangenehm, dass andere sehen können, wie weit Anspruch und Wirklichkeit auseinander klaffen. Wir alle wollen unsere Arbeit gut machen. Wirklich! Und merken, wenn wir nicht völlig daneben sind, andauernd, dass wir diesen Anspruch aus den verschiedensten Gründen nicht erfüllen können. Und nun kommt durch einen Beobachter – nämlich Sie! – vielleicht heraus, dass wir schlechte Lehrer sind. Vielleicht geht der Referendar oder Praktikant herum und erzählt, wie niveau- und einfallslos mein Unterricht ist. Das löst unter Umständen nicht nur peinliche Gefühle, sondern handfeste Ängste aus. Muss nicht sein! Lieber sind wir verborgen unzulänglich als offen schlecht.

Drittens möchten wir nicht in unserem Intimbereich beobachtet werden. Dieser Punkt ist vielleicht am schwierigsten zu beschreiben. Unterricht ist ja nun mal deutlich durch zwischenmenschliche Beziehungen geprägt. Das schließt auch heftige Worte ein, eventuell lautstarke Ausbrüche, kleine Erpressungen, Drohungen – na ja, wie das eben so läuft. Sie wollen ja auch nicht unbedingt, dass andere

Leute an Auseinandersetzungen innerhalb Ihrer Partnerschaft, Ehe und Familie partizipieren, und hier wollen viele von uns halt auch nicht, dass wir uns methodisch-didaktisch erklären müssen, wenn wir uns wie Menschen mit Emotionen verhalten. Vor anderen beschimpft man seine Kinder ja auch ungern – was die Kinder wissen und gnadenlos ausnutzen. Wir haben hier oft Hemmungen, die ich zum Teil auch ganz berechtigt finde. Obwohl ich selbst das Hospitieren eigentlich gewohnt bin, bin ich doch nach einer Periode „mit Leuten hintendrin" froh mich ohne Zeugen von außen nach Herzenslust als meckernde Ziege aufspielen zu können, ohne dass jemand – ein Schüler oder ich – das Gesicht verliert.

Viertens haben einige Kollegen nicht das Trauma ihrer eigenen Ausbildung überwunden und sie wollen sich nie wieder der Situation einer willkürlichen Beurteilung aussetzen.

Dies nur zum besseren Verständnis der Situation. Viel weiter sind wir jetzt noch nicht – Sie haben immer noch keinen zum Hospitieren gefunden. Also, versuchen Sie es doch mal so: „Mir macht das gar nichts, wenn Sie heute nichts Besonderes vorhaben. Genau das möchte ich sehen. Ich möchte keine Vorführstunden erleben, sondern die Realität!" Vielleicht hilft es auch, offen zu erzählen, in welchem Dilemma Sie stecken – dass Sie nämlich keinen unter Druck setzen wollen, aber dennoch zu Ihren Hospitationen kommen müssen. Wie auch immer, die Antwort der Kollegen, die einigermaßen willig sind, wird ausgesprochen oder unausgesprochen sein: Erwarte nichts und halt die Klappe! Lobende Worte natürlich ausgenommen. Wenn Sie Ihr Verhalten daran ausrichten, wird es wenig Probleme geben.

Trotzdem noch einige Tipps:

- Kommen Sie rechtzeitig! Treffen Sie den Kollegen schon in der Pause im Lehrerzimmer! Wahrscheinlich hat er inzwischen vergessen, dass Sie heute mitkommen. Ideal wäre natürlich ihn am Tag vorher nochmal daran zu erinnern.
- Wählen Sie bezüglich der Anrede zunächst das „Sie". Oft wird der Kollege Ihnen dann das „Du" anbieten.
- Wenn Sie mit jemand anderem zusammen hinten sitzen, sollten Sie nach Möglichkeit Tuscheln, Kichern und Negativmimik vermeiden. Schenken Sie dem Unterricht Ihre volle, positive Aufmerksamkeit – zumindest sollte das so aussehen!

- Fragen Sie, ob Sie irgendwie helfen können!
- Verschwinden Sie nicht einfach nach dem Unterricht! Sprechen Sie noch ein paar Worte mit dem Kollegen! War der Unterricht gut, fragen Sie ihn ein bisschen nach seinen methodischen Entscheidungen aus! Jeder redet gerne über gelungene „Werke". Selbst wenn alles ganz grauenhaft war, können Sie immer noch wahrheitsgemäß sagen, dass es sehr interessant war, dass dieser Unterricht einmalig war, dass Sie so etwas noch nie gesehen haben und dass Sie etwas gelernt haben.
- Ziehen Sie keinesfalls über andere Kollegen her, deren Unterricht Sie auch schon gesehen haben! Wenn Sie dem Kollegen X erzählen, wie furchtbar schlecht Y unterrichtet, denkt X natürlich, dass Sie das auch über ihn sagen werden.
- Schwärmen Sie auch nicht übermäßig von dem wirklich guten Unterricht bei Z! Wahrscheinlich möchte X weder mit Z verglichen werden noch in dessen Schatten stehen.
- Helfen Sie beim Aufräumen, Tafelwischen und Wegtragen der eventuell eigens für Sie angeschleppten Medien!

Was aber tun, wenn man dort hinten sitzt, sich langweilt (vielleicht verhilft Ihnen diese Erfahrung auch zu einem besseren Verständnis dessen, was manche Schüler zu erdulden haben!) und sich nicht schlecht benehmen darf? Was gibt es in fast jedem Unterricht zu lernen?

Also, man kann

- auf den Lehrer starren und sich fragen, ob man auch so ist oder so sein könnte beziehungsweise wollte – so spritzig oder so langweilig, so schlecht gekleidet, so gockelhaft oder so göttergleich begabt … Das kann nicht unwichtig sein, sieht man hier doch manchmal die eigenen Verhaltensweisen im Spiegel.
- sich zwei Schüler raussuchen (ohne dass sie es wissen) und deren Aktivitäten, Äußerungen, Motivationen und Wartezeiten protokollieren. So etwas könnten Sie auch dem Kollegen anbieten, vielleicht ist er für solche Informationen ganz dankbar.
- sich Impulse und Arbeitsanweisungen aufschreiben;
- darauf achten, wie der Kollege auf Schüler eingeht, die nichts können, die frech oder verhaltensauffällig sind, die nicht mitma-

chen, etc. Am besten auch hier in wörtlicher Rede die Zauber-
sprüche aufschreiben. („Wie war doch noch eure Telefonnummer?", „Kann ich dich mal in der Pause sprechen?", „Das ist jetzt
dein dritter Strich, du weißt, was das bedeutet!" oder „Toll, dafür
bekommst du einen Pluspunkt!") Fragen Sie den Kollegen, welche
Regeln oder Verabredungen in dieser Gruppe gelten!
- sich auf positive Verstärker (Lächeln, Loben, Versprechungen etc.)
  konzentrieren und ihre Wirkung auf die Schüler beobachten;
- sich zu einem sehr langweiligen Unterricht Alternativen einfallen
  lassen;
- freundlich aussehen.

Bevor ich in einer englischen Gesamtschule meinen Dienst antrat,
durfte ich dort eine Woche hospitieren. Ich tat nichts weiter als mir
wortwörtlich die „Disziplinierungszitate" (nicht umsonst sind wir
Deutschen für unsere zusammengesetzten Nomen berühmt) der
unterrichtenden Lehrer aufzuschreiben. Es war für mein Überleben
unendlich wichtig zu wissen, wie hier die Zauberwörter lauteten.
Hatte ich bisher in einer deutschen Klasse zumindest mäßigen Erfolg
mit dem Satz „Das wird Konsequenzen haben!", wurde mir schnell
klar, dass ein englischer Schüler auf die entsprechende Übersetzung
nur mit ungläubigem Grinsen reagiert, während er bei „I am going
to take it further" merklich zusammenzuckt. War ich froh, als ich das
wusste. Ohne Beobachtung hätte ich das nie herausgekriegt oder erst
nach monatelangem Rumprobieren und Gesichtsverlust. Rituelle
Zaubersätze gibt es an jeder Institution. Selbst wenn man sie selber
nicht benutzt, ist es hilfreich, sie zu kennen.

Mentoren ...
sind empfindliche Wesen

*E*in guter Mentor beziehungsweise anleitender Lehrer kann mehr wert sein als alle Seminare und jede Theorie zusammen. Schon daraus wird klar, wie wenig die Ausbildungsbedingungen vergleichbar sind. Die einen finden erfahrene Freunde, die sie kompetent durch eine schwierige Zeit begleiten, die anderen verbrauchen einen Teil ihrer Zeit und Kraft sich gegen den Einfluss dieser Kolleginnen und Kollegen zu wehren – um nur mal die Extreme zu nennen.

Bevor Sie sich selber einen Mentor aussuchen, ist es natürlich außerordentlich günstig, möglichst viele Lehrer gesehen zu haben. Erste Eindrücke im Lehrerzimmer sind oft trügerisch. Fragen Sie die Person, die – zumindest aus Ihrer augenblicklichen Perspektive – methodisch etwas kann, von den Schülern akzeptiert wird und im günstigsten Falle auch noch Ihrem Typ, sprich Temperament, ein bisschen ähnlich ist. Umso leichter ist es, sich Verhaltensweisen und Methoden abzugucken. Wenn Sie jemanden zugeteilt bekommen, erübrigen sich diese Ratschläge.

Der Idealfall ist natürlich, dass Auszubildende und Anleitende zu Teams zusammenwachsen, die offen miteinander umgehen und ohne Konkurrenz und Missgunst begeistert voneinander lernen. So etwas gibt es – sogar relativ oft. In diesem Fall ist man einfach dankbar und zeigt das auch hin und wieder. Leider läuft das nicht immer so problemlos. Manche Kollegen empfinden Auszubildende als Konkurrenz, sind eifersüchtig, wenn die Schüler eventuell sogar lieber bei der „Neuen" haben als bei ihnen, haben das Gefühl, dass man ihnen ihre Kinder wegnehmen will, werfen den jungen Leuten vor ihre Klassen zu „versauen", durch „Spielkram" die Schüler zu verwöhnen und ihnen den Übergang auf das Gymnasium oder die Oberstufe zu erschweren.

Es gibt Charaktere, die ein Mentorenverhältnis zur Machtdemonstration nutzen und sich freuen endlich mal am Drücker zu sein.

Bewusst oder unbewusst ist egal, in jedem Falle ist es eklig. Manche finden auch, dass Mentorentätigkeit eine unzumutbare Mehrarbeit und Last ist und machen ihren Anvertrauten ständig ein schlechtes Gewissen. Es gibt in der Tat Auszubildende, die ihren Mentor als die größte Belastung ihrer Ausbildung erleben.

Sollte das bei Ihnen auch so sein, müssen Sie ihn loswerden. Dringend! Wenn Sie keinen anderen finden, fahren Sie besser ohne Mentor als mit einem, der Sie quält und hindert. Der Anfang in der Schule ist schwer genug. Sie haben keine Energien übrig um sie in sinnlosen Kämpfen zu verschleudern. Bitten Sie Ihre Ausbilder um Hilfe, damit Sie aus dieser unseligen Verbindung ohne Störung des Burgfriedens herauskommen. Wenn Sie hier einfach selber lospoltern, kann es je nach Position des betreffenden Kollegen in der allgemein akzeptierten Hackordnung, die vielleicht an Ihrer Schule herrscht, zu negativen Folgen für Sie kommen. Es gibt übrigens in einigen Ausbildungsseminaren Papiere über die Aufgaben von Mentoren oder anleitenden Lehrern. Fragen Sie die Sekretärin! Falls vorhanden, ist dies eine sinnvolle Lektüre. Sie werden dort wahrscheinlich erfahren, dass Sie mit Ihren Vorstellungen nicht so falsch liegen – das tröstet. Nur wird Ihr Problem natürlich nicht durch ein Papier geregelt werden.

Also, zugegeben, es gibt bei genauerem Hinsehen – das fällt zeitlich oft mit der Wahl des Mentors zusammen – Kollegen, die Sie völlig zu Recht als ziemlich furchtbar erleben oder bald erleben werden. Trotzdem muss ich dazu folgende Bemerkungen loswerden: Es geht hier um einen Beruf, der voller Leben und Herausforderungen ist, in dem nie ein Tag so ist wie der andere, der viel Befriedigung und Anerkennung geben kann. Und es ist auch ein Beruf, der zu den aufreibendsten und anstrengendsten zählt, die es gibt. Vergessen Sie das nicht, wenn Sie Ihre Kollegen einer kritischen Betrachtung unterziehen. Die älteren – und das werden wohl die meisten sein – sind schon viele Jahre durch die Mühle Schule gegangen. Man sieht es ihnen an. Viele sind ganz einfach erschöpft und haben die Nase voll. Es hilft auch nicht, dass Leute, die die Schule nur als Schüler oder von außen kennen, Pflichtstundenzahl, „Greisenermäßigung" und Pensionsalter ständig nach oben schieben. Wenn diese Damen und Herren auch nur einmal eine Woche in einer Hauptschule unterrich-

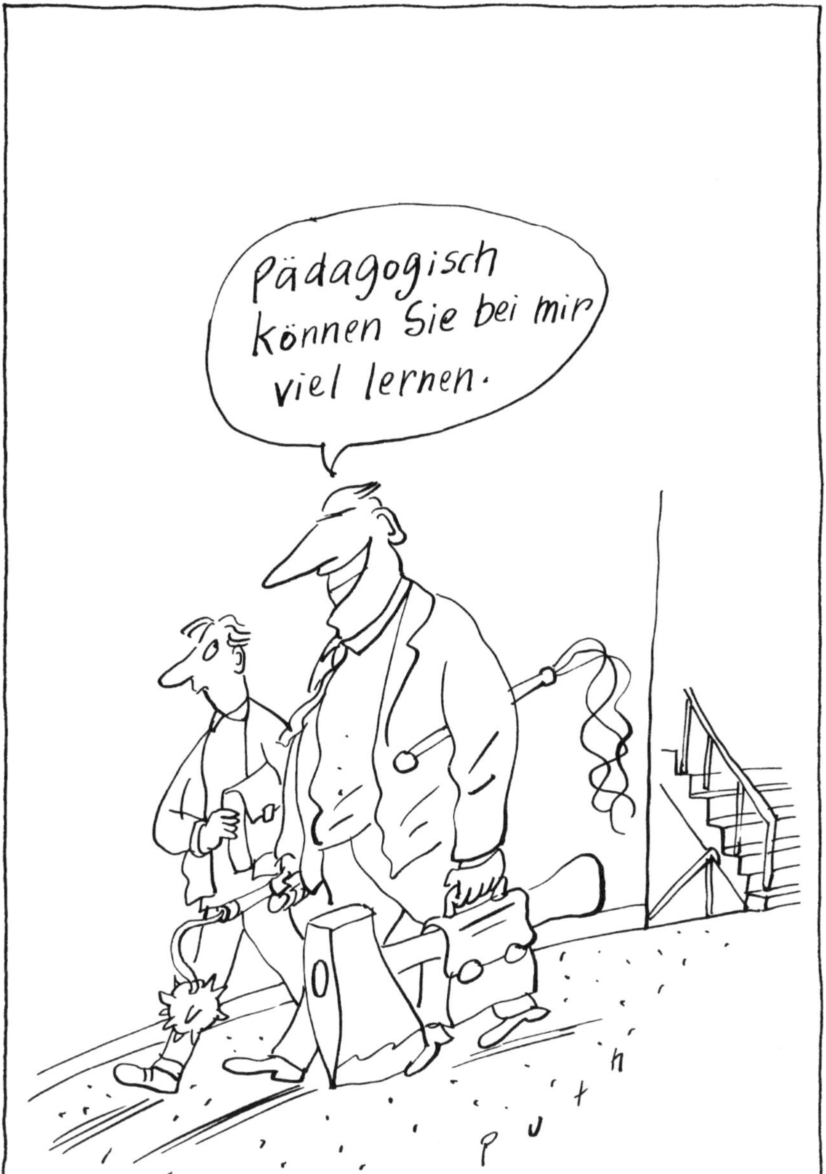
Pädagogisch können Sie bei mir viel lernen.
puth

tet hätten, sähe ihre Argumentation mit Sicherheit anders aus. Na ja, haben sie aber nicht. Jedenfalls sind viele Kollegen müde, fühlen sich morgens wie hundert, haben auch schon einige kleine und große Zipperlein und bekommen dasselbe Geld, ob sie sich nun besonders um Schüler oder junge Kollegen bemühen oder nicht. Die Klientel ist zwar garantiert vorhanden, wird aber garantiert nicht leichter in der Handhabung. Sie werden das alles im Augenblick kaum verstehen, können Sie nicht, müssen Sie auch nicht. Nehmen Sie es einfach freundlich zur Kenntnis! Sie können sich dabei gerne vornehmen, dass Sie zukünftig selber gegen diese Art von Verfall Vorsorge treffen werden.

Noch ein Wort zu den Depressiven und Zynischen: Es sind oft die ehemals idealistischen, die lieben und intelligenten Menschen, die angesichts unendlich vieler kleiner und großer Enttäuschungen diesen Weg gehen. Natürlich werden Sie mit ihnen reden, natürlich werden Sie ihnen auch zuhören. Auch sie haben – wie fast alle von uns – das dringende Bedürfnis ihren Weg und ihre Lebens- und Berufseinstellung auch anderen anzudienen.

Diese Kollegen werden vielleicht eine besondere Anziehungskraft auf Sie ausüben, besonders dann, wenn es Ihnen gerade schlecht ergangen ist und Ihnen der leicht tragische oder arrogante Gesichtsausdruck als verständnisvoll, intellektuell oder der ganzen Misere entsprechend vorkommt. Lassen Sie sich nicht täuschen – depressiv ist bei allem Verständnis nicht tiefsinnig, sondern eine für Ihre Situation wenig brauchbare Form der Weltinterpretation. Während die Depressiven eher sich selbst schaden und unser Mitleid verdienen, sind Zyniker in der Schule weit gefährlicher. Obwohl sie nach allgemein menschlichen Gesichtspunkten ganz sicher arme Leute sind und ihr Zynismus sich aus unerfreulichen Erlebnissen ableitet, sind sie doch in der Schule deutlich fehl am Platz. Sie schaden, sie stören Kommunikationsprozesse, sie werten ab und grenzen aus, alles nur um ihr angeschlagenes Selbst aufzuwerten – auf Kosten anderer, Schwächerer. Keinesfalls werden Sie diese Leute ändern können, schon gar nicht durch offenen jugendlichen Enthusiasmus, der von solchen Menschen als widerlich oder – im günstigsten Fall – als bemitleidenswert empfunden wird. Am besten ist, Sie meiden sie.

Suchen Sie gezielt nach Kollegiumsmitgliedern, die wenigstens hin und wieder Lebensfreude ausstrahlen und für die die Schule nicht der Inbegriff und Ausgangspunkt einer untergehenden abendländischen Kultur ist.

Um nochmal auf den Umgang mit dem Mentor, diesem wichtigen und empfindlichen Wesen, zurückzukommen: hier eine Liste von Verhaltensweisen, die die Seele der Mentoren streicheln und sie für die Mehrarbeit entlohnen. Ich wechsle zur weiblichen Form, weil ich von meinen eigenen Erfahrungen ausgehe:

- Machen Sie sich klar, dass Sie zwar ein Recht auf Betreuung haben, die Kollegin aber nicht grundsätzlich zur Mentorentätigkeit verpflichtet ist, es sei denn, es stünde in ihrer Arbeitsplatzbeschreibung (Fachbereichsleiterin) oder sie bekäme eine entsprechende dienstliche Anweisung. Die Basis ist im Allgemeinen also „good will".
- Beherzigen Sie möglichst viele der Hospitationsregeln (siehe oben)!
- Helfen Sie Ihrer „Teampartnerin" bei der Materialbeschaffung, ziehen Sie Arbeitsbögen für sie mit ab, besorgen Sie bei der Landesbildstelle nicht nur den Film für sich, sondern fragen Sie, was sie braucht etc.
- Beurteilen Sie nicht ständig kritisch ihren Unterricht, sondern fragen Sie sie – vielleicht hat sie sich ja was gedacht ... Also nicht unbedingt: „Die Partnerarbeit fand ich nicht gelungen!", sondern: „Warum war die Partnerarbeit so organisiert?" Das scheint kleinlich, mir war das so aber immer viel angenehmer.
- Sagen Sie ihr, welche Phasen, Aufgaben, Impulse, Verhaltensweisen Ihnen besonders gut gefallen haben. Auch alte Kaninchen brauchen Lob!
- Kochen Sie ihr mal einen Kaffee, wenn sie wieder so geschafft im Lehrerzimmer herumhängt. Ein Stück Himbeertorte vom Bäcker gegenüber darf es auch mal sein.
- Geben Sie der Frau Anerkennung – nicht nur für ihren Unterricht, sondern auch dafür, dass sie sich mit Ihnen abgibt. Sagen Sie ihr, dass sich ein Vorschlag von ihr positiv ausgewirkt hat, dass Sie froh sind von ihr betreut zu werden ...
- Strapazieren Sie sie nicht unnötig. Sie wird Ihnen gerne helfen eine der heiß geliebten „Vorführstunden" vorzubereiten, aber sie

ist wahrscheinlich nicht „allzeit bereit". Fragen Sie, wann sie Zeit hat, richten Sie sich danach, indem Sie nach Möglichkeit die Planung zwei Tage früher fertig haben. Studentische Spontaneität ist hier nicht unbedingt gefragt. Vielleicht hat die Frau einen netten Mann, ein kleines Kind oder eine alte Mutter zu betreuen, braucht ein abendliches Schläfchen oder will sich anderweitig entspannen.

● Gehen Sie nicht davon aus, dass sie Ihre Mutter ist, die nun ab sofort durch ständiges Nachfragen („Ist die Stunde endlich fertig?") die Verantwortung für Ihre Ausbildung übernimmt.

● Seien Sie nicht enttäuscht, wenn Ihre Aufregung über das bevorstehende Ereignis einer Unterrichtsüberprüfung ihr nicht ganz so ans Herz geht wie Ihnen. Sie hat ihre Ausbildung längst hinter sich. Und bei allem Mitgefühl – für sie geht es hier nicht um Leben und Tod.

● Falls Sie doppelt gesteckt sind, also beide in einer Klasse eingeplant sind – nehmen Sie ihr den Unterricht mal ab, wenn es eigentlich Ihre Hospitationsstunde sein sollte. Mit vorheriger Ansage natürlich, also als Geschenk. Es ist damit nicht gemeint, dass Sie plötzlich den Unterricht an sich reißen sollen. Das hätte sicher einen anderen Effekt. Tun Sie das bitte überhaupt nie!

● Bitten Sie sie bei den Vorführstunden und der nachfolgenden Besprechung dazu! Erstens will sie sehen, was aus ihren Vorschlägen geworden ist, zweitens kann sie eine wichtige Stütze sein, falls die Ausbilderin die Stunde problematisch fand, drittens wird sie meist von der Schulleitung gebeten ihrerseits Vorschläge für Ihre Beurteilung durch die Schule zu machen und wird die Gelegenheit nutzen Bestätigung und Hinweise zu erhalten oder gegebenenfalls ein positives Gegengewicht aufzubauen. Vielleicht könnten Sie sie auch darum bitten, für eben diese Besprechung Kaffee und Kekse zu besorgen.

Eine Referendarin, die diese Hinweise beachtet, wird mit ziemlicher Sicherheit nicht als Last, sondern als Bereicherung empfunden. Die altgedienten Kolleginnen werden sich über den „frischen Wind" freuen, einige werden sich genauer bei Ihnen über neuere Methoden informieren und etwas davon in ihrem eigenen Unterricht ausprobieren. Hier fängt Ihre Gestaltungsmöglichkeit an.

Schüler ...
sind anders, als man denkt

Schüler sind erstens Menschen und zweitens die Zielgruppe Ihrer Unterrichtsbemühungen. Diese Reihenfolge im Auge zu behalten scheint mir nicht unwichtig.

Schüler sind weder besonders gute noch besonders schlechte Menschen. Es gibt sympathische und unsympathische unter ihnen, sie sind aber vor allem – wie alle Gruppen – die Summe vieler Einzelschicksale. Sie alle verdienen unsere Achtung. Angesichts mancher Schicksale kann man sich nur wundern, dass die jungen Leute morgens überhaupt in die Schule kommen. Viele haben Angst – Angst vor der Gegenwart und der Zukunft, vor der Schule, vor den Mitschülern, vor zu Hause, vor dem Alleinsein, vor dem Versagen und vielleicht auch vor Ihnen. Schüler haben sich im Gegensatz zu uns nicht um diese Rolle beworben. Sie leben mit uns temporär in einer Zwangsgemeinschaft, die sie sich nicht ausgesucht haben.

Über den „Schüler von heute" wurde und wird reichlich geschrieben und geredet. Ich meine, den Schüler von heute gibt es genauso wenig wie den von gestern oder die Deutschen oder die Türken ... Ihre Schüler sind jedoch mit ziemlicher Sicherheit anders, als Sie sich sie – wahrscheinlich in Anlehnung an Ihre eigene Schulzeit – vorgestellt haben, und mit noch größerer Sicherheit in der Gesamtheit anders, als Sie sie sich wünschen. Sie reden anders, sie gehen anders miteinander um, als wir das früher taten. Sie haben oft ganz andere Werte und Interessen als wir, haben ein anderes Unrechtsbewusstsein, andere Verhaltensformen, andere Kleidung, kommen vielleicht auch aus anderen Gesellschaftsschichten. Sie benehmen sich weder so, wie es in Fernsehseifenopern gezeigt wird, noch wie es die Presse recherchiert. Die „Labels", die hier vergeben werden und die Ihnen vermitteln, dass Sie es mit „New Kids", „Nintendo Kids", „multimedial Geprägten" oder der verwahrlosten Brut einer egozentrischen Wohlstandsgesellschaft zu tun haben, nutzen Ihnen zunächst wenig. Sie

sollen sie trotzdem unterrichten. Etiketten behindern ohnehin nur eine dringend notwendige Offenheit und Neugier. Und den Schülern ist das Bild, das Sie von ihnen haben, ohnehin so egal wie dem Universum Ihre Ansprüche an Glück und Geld – nämlich total! Am besten trennen Sie sich von Vorstellungen, Mustern und Wünschen und sehen und hören sich die Kinder oder Jugendlichen selber genauer an. Sie brauchen das, was Sie hören, sehen und erfahren, nicht unbedingt gut zu finden. Oft gibt es auch schockartige Erlebnisse.

Dazu ein Beispiel: Die Einführungsphase meiner ersten sorgfältig geplanten Stunde in einer achten Klasse einer Gesamtschule (GA-Kurs) zum Thema „Fährverbindungen nach Großbritannien" wurde nach meinem ersten Satz von einem freundlich aussehenden blonden Stoppelkopf unterbrochen, der mit Kennermiene bemerkte: „Ach, heute ohne BH. Ist ja auch besser fürs Gewebe!" Er freute sich sehr an seiner Bemerkung, seine Klassenkameraden – diejenigen, die zugehört hatten – freuten sich auch. Ich freute mich nicht, war sprachlos, erwartete entsetzt, was nun noch alles kommen würde, suchte während der folgenden vierzig Minuten krampfhaft nach einer passenden lockeren Reaktion auf diese längst vergangene Situation, fand keine, war unkonzentriert, redete gegen einen anschwellenden Geräuschpegel an. Beteiligung fand keine statt, wenn man von der Meldung absieht, mit der ein Schüler erfragen wollte, ob er die Toilette besuchen dürfte – allerdings war die Frage sprachlich weit weniger elaboriert.
  Den Rest des Tages verbrachte ich mit folgenden Tätigkeiten: Ich fragte mich wiederholt, warum ich Lehrerin werden wollte, wie ich aus dieser Situation wieder herauskommen würde, warum ich an diesem Morgen auf einen BH verzichtet hatte, ob diese Story sich in der Schule verbreiten würde, wie ich am nächsten Tage von den Schülern empfangen werden würde etc. Parallel dazu erfand ich unzählige Dialoge zum Thema „Was ich da hätte sagen können". So weit mein ziemlich sinnloses Tun. Für die Gefühlsebene gab es einen relativ einfachen Begriff, den ich mich aber scheute anzuwenden: Ich hatte Angst! Angst persönlich angegriffen und diffamiert zu werden, Angst zu versagen, Angst aus dieser Sackgasse niemals mehr herauszukommen.

Viele Kolleginnen und Kollegen berichten von ähnlichen schockartigen Erlebnissen. In meinem Fall sehe ich die Ursache zum großen Teil in meinem Unverständnis für die Tatsache, dass Schüler anders sind, als ich es früher war. Dazu kam, dass ich – aus bürgerlichen Verhältnissen kommend – ihre Verhaltensweisen und ihre Sprache nur als Angriff auf mich interpretieren konnte. Ich kannte das alles nicht. Dieses direkte, persönliche „Anmachen". Was waren das bloß für Kinder? Einige Vulgärausdrücke, die jetzt immerhin zu meinem passiven Wortschatz gehören, habe ich übrigens in meinen ersten Monaten als Lehrerin überhaupt erst kennen gelernt.

Also ziehen Sie zunächst ein für Ihr weiteres Berufsleben wichtiges Fazit: Ihre Schüler sind nicht so, wie Sie früher waren. Es gibt übrigens sehr interessante Studien darüber, welche Leute Lehrer werden. Unter anderem waren sie fast immer auch lernwillige und gute Schüler.

Sie wollen noch wissen, was ich als erfahrene Lehrerin in diesem Fall tun würde? Wahrscheinlich würde genau diese Situation nicht auftreten, denn erstens hätte ich einen BH an. Zweitens hätte die Schüleräußerung nicht denselben Effekt, weil mich inzwischen nicht mehr so viel überrascht und erschreckt. Ich würde mich auch nicht persönlich angegriffen fühlen, sondern denken: „Aha, der testet mich in meiner Funktion als Lehrerin." Dies würde mir drittens wahrscheinlich die Ruhe und Souveränität geben, auf seine Bemerkung einen Spruch zu finden, der ihn zunächst stoppt. Der läge dann auf der gleichen Ebene, die er angesprochen hätte, zum Beispiel „Stimmt!" oder „Du hast ja viel Erfahrung. Da musst du mir in der Pause mehr darüber erzählen!" oder „So viel Haarspray und doch schon so klug!" oder etwas ähnlich Blödes – das Inhaltliche ist hier ziemlich egal, wichtig ist das Direkte und Persönliche. Letztlich handelte es sich hier um eine, wenn auch nicht besonders gelungene Form der Kontaktaufnahme. Der Junge wollte Aufmerksamkeit von mir und seinen Freunden. Die funktionale Ebene: „Das lasse ich mir von dir nicht gefallen. Das melde ich der Schulleitung!" bringt wahrscheinlich nicht viel. Viertens würde ich heute in der ersten Stunde mit einer neuen Klasse, die mich für ein ganzes Jahr ertragen muss, sowieso erstmal ein paar Regeln zur Kommunikation besprechen, je nach Atmosphäre auch etwas über mich sagen, einen Minimalkonsens vereinbaren und dann den Anfang des Unterrichts etwas weniger langweilig gestalten, als ich es damals tat. Aber Ihnen zum Trost: Hin und wieder gibt es auch für mich Situationen, in denen ich mich sprachlos und hilflos fühle … Der Schüler, das unbekannte Wesen, ist eben ein Mensch, nicht wahr?

Und schließlich ist dieser Mensch Mitglied einer zukünftigen Gesellschaft, deren Gesetzmäßigkeiten ich nur zum Teil verstehe und in der ich mich auch nur partiell und temporär zurechtfinden muss (wahrscheinlich leben meine Schüler länger als ich). Ich bin davon überzeugt, dass viele unserer Schüler richtig wahrnehmen, dass „Stoffpläne" mit festgelegtem Faktenkanon ihnen in einer Welt, deren Informationsmenge sich alle paar Jahre verdoppelt, kaum zu einer Orientierung verhelfen können, und dass es nicht mehr um Erlangen und Anhäufung von Wissen, sondern um den Umgang mit Informationen geht. Sie erleben uns ältere Lehrer teilweise als Fossilien, wenn wir auf gründliche und perfekte Arbeit Wert legen, während Manager führender Industriekonzerne einer schnellen 80-prozentigen Leistung die Präferenz gegenüber dem 100-prozentigen gediegenen, aber langsamen Produkt geben oder sogar zu der Aussage kommen, dass es zum Ende des Jahrtausends nur noch zwei Sorten von Managern geben wird: die „Schnellen und die Toten". (Ich entnehme diesen Ausspruch dem Buch „Jenseits der Hierarchien" von Tom Peters, dessen Lektüre mir als humanistisch gebildeter Beamtin einen kleinen, staunenden Blick in eine andere Welt eröffnete.)

Unsere Schüler saugen diesen Zeitgeist überall auf, sie wollen verständlicherweise nicht zu den „Toten" gehören und viele von ihnen werden den Verdacht haben, dass ihre Lehrer nicht die geeigneten „coaches" für einen erfolgreichen Lebensweg sind. Sie vertrauen nur begrenzt darauf, dass unsere Werte sich als tragfähig erweisen werden. Auch dieser Missklang, das Zusammentreffen der bedächtigen, grüblerischen Perfektionisten und der zappligen, schnellen „Macher" („Don't plan it, do it!") – ich nenne hier bewusst die Extreme – schafft Unsicherheit und Angst.

Ich finde diese Ängste nicht unberechtigt: Wenn ich lese, welche Eigenschaften laut Aussagen von meinungsbildenden Unternehmensberatern für den zukünftigen gesellschaftlichen Erfolg unserer Schüler wichtig sind, mache ich mir große Sorgen. Denn nur ein sehr kleiner Prozentsatz meiner Schülerinnen und Schüler verfügt über selbstbewusstes Auftreten, Teamfähigkeit, Zielorientiertheit, Dynamik, Flexibilität und grenzenlose Einsatzbereitschaft. Was wird aus den vielen anderen? Welchen Platz werden sie haben?

Angesichts dieser Gedanken wirkt die Frage: „Werden die Schüler immer dümmer?" so sinnlos, wie sie eben auch ist. Ich erwähne sie nur, weil es nicht lange dauern wird, bis Sie mit diesem Satz – meist in Form einer Feststellung – konfrontiert werden. Dieses jahrhundertealte Lehreraxiom geht davon aus, dass altes Wissen und alte Werte – die eigenen natürlich – klug, die neuen dagegen minderwertig sind. Es stellt sich die Frage, wie intelligent eine solche Annahme ist.

Ja, selbst gesetzt den Fall, es wäre wahr – meist werden Ergebnisse von seit Jahren bewährten Klassenarbeiten als Beweise zitiert – was wäre die Konsequenz?

Resignation? Verachtung? Frühpension? Das kommt für Sie ja kaum in Frage!

Ich bin mehr dafür, genauer hinzusehen. Stellen Sie – meinetwegen schaudernd – fest, was Ihre Schüler alles nicht können, aber machen Sie sich auch die Mühe wahrzunehmen, was sie können. Versuchen Sie Ihre Beobachtungen in Ihre Überlegungen einzubeziehen. Die jungen Leute können einen Teil dessen, was wir konnten. Zusätzlich können sie noch andere Dinge – Dinge, die wir in diesem Alter nicht konnten oder immer noch nicht können: Sie finden sich schlafwandlerisch in Großstädten anderer Länder zurecht, orientieren sich blitzschnell in jedem Einkaufszentrum, können gleichzeitig auf verschiedene Reize reagieren, bedienen technische Geräte und Einrichtungen mit selbstbewusster Sicherheit und ihre Maus huscht so schnell über den Computerbildschirm, dass ich nach kürzester Zeit die Orientierung verliere.

Bei einem Schüleraustausch verschlug es mir fast den Atem, als eine intellektuell eher unauffällige junge Dame unserer Gruppe sich ohne Zögern und Bedenken in einer amerikanischen Bibliothek in das dortige Datenkommunikationssystem „einklickte" und mir alsbald mit „cooler" Selbstverständlichkeit eine Information übermittelte, der ich „zu Fuß" schon eine Weile nachgegangen war.

„Was lernt uns das?", würden meine Schüler fragen. Und meine Antwort wäre: Beständiges Trotzen gegen den Zeitgeist frisst Energien und schafft Frustrationen. Die Zeit ist, wie sie ist, die jungen Leute sind, wie sie sind. Wenn wir etwas gestalten wollen, müssen wir mit diesen Bedingungen umgehen. Vielleicht gelingt uns in Ansätzen die fruchtbare Synthese der oben erwähnten Gegensätze: Möglicherweise ergeben penible Bedächtigkeit und orientierungslose Hektik zusammen eine neue Arbeitshaltung, die durch Gelassenheit, Fleiß und Lockerheit geprägt ist. Das große Unternehmen EDS (Electronic Data Systems) – ich greife hier wieder auf Tom Peters zurück – definiert sich selbst als „locker, flexibel und verdammt diszipliniert".

Hört sich doch gar nicht so schlecht an, oder?

Vertretungen ...
werden von der Schulleitung angeordnet

Vertretungen werden von der Schulleitung angeordnet. Von daher ist dieses Kapitel eng mit dem Thema „Umgang mit der Schulleitung" verknüpft.

Vielleicht haben Sie kaum angefangen und stecken schon in folgendem Dilemma: Es fehlen viele Kollegen, der Unterricht ist schwer abzudecken und Sie werden von der Schulleitung aufgefordert zu vertreten. Das kann zusätzlich zu Ihren sonstigen Verpflichtungen sein, es kann auch sein, dass Sie es statt Ihrer Hospitation machen sollen. Es kann auch sein, dass Sie auf Ihren Mentor verzichten müssen, weil der seinerseits vertreten muss. An vielen Schulen klappt die Doppelsteckung Ausbilder-Auszubildende über lange Zeit aus eben diesem Grunde gar nicht.

Nun ist der letzte Fall sicher unerfreulich, aber relativ harmlos. Schlimmer ist, wenn Sie oft zusätzlich − möglichst auch noch kurzfristig – in irgendeine Klasse „rein müssen". Das ist aus zwei Gründen problematisch: Einerseits wird die Arbeitsbelastung in der Summe zu hoch, andererseits gehören Ad-hoc-Vertretungen zu den pädagogisch wirklich schwierigen Aufgaben. Mir selbst geht es so, dass ich lieber meine eigenen Kurse zwei Stunden unterrichte als eine Vertretung zu machen. Man ist nicht vorbereitet, kennt die Gruppe nicht und dadurch kommt es oft zu nervenaufreibenden Situationen, in denen Schüler Dinge tun, die sie nicht tun sollen, von denen sie aber behaupten, dass dies alles bei ihrem regulären Lehrer zur Tagesordnung gehöre. Hebt man zu irgendwelchen Disziplinierungsmaßnahmen an, hat man oft Mühe die angegebenen Pseudonyme („Wie heißt du?" „Rambo!") zu lüften oder sich sonstwie „durchzusetzen". Wenn es nun schon den alten Hasen so gehen kann, ist es fast unnötig zu beschreiben, wie Sie sich als Anfänger in solch einer Situation Ihren noch nicht mal erworbenen Ruf ruinieren können, sodass bald die ganze Schule weiß, was man mit Ihnen so alles machen kann.

Also, das möchten Sie nicht. Das oben erwähnte Dilemma besteht aber darin, dass Sie Bedenken haben abzulehnen, weil Sie fürchten, dann als nicht belastbar oder zumindest als unkooperativ oder unkollegial zu gelten und schnell „unten durch" zu sein. An großen Schulen tritt diese Situation übrigens weniger häufig auf, weil die „Dispositionsmasse" (Lehrerstunden) einfach größer ist und hier oft das Demokratie- und Solidaritätsbewusstsein besser entwickelt ist, auch weil ein breiteres Erfahrungspotenzial vorhanden ist.

Also, falls es Sie trifft, was tun? Es gibt mindestens drei Möglichkeiten:

1. Sie machen brav alles, was man Ihnen anträgt, eventuell unter Maulen und Klagen. Das hat unter Umständen zur Folge, dass Sie von den Kollegen voll als „eine von uns" akzeptiert werden. Wenn Sie zu viel jammern, kann das aber auch bedeuten, dass man findet, dass „die sich anstellt!" (Lehrjahre sind nun mal keine Herrenjahre etc. etc.) Es kann auch bedeuten, dass Sie krank werden. Krankheit mildert zunächst den Druck ein bisschen, erhöht ihn aber langfristig sehr.

2. Sie stellen sich auf die rechtlichen Hinterbeine und erklären kühl, dass Derartiges in der Ausbildungsverordnung nur in sehr geringem Maße vorgesehen ist. Das muss man können und auch wollen. Denn wenn man eine so offene Abgrenzung riskiert, muss man natürlich damit rechnen, dass Mitglieder der Schulleitung – auch durch die Situation gestresst – Ihnen die möglicherweise vorhandene freundliche Zuwendung entziehen und nun ihrerseits zukünftig auch rechtliche Positionen beziehen.

3. Sie führen ein persönliches Gespräch mit Ihrem Schulleiter oder mit dem Stellvertreter, der die Vertretungspläne meist macht. Ich würde zuerst ein Gespräch mit dem Schulleiter führen, ihn bitten, seinen Stellvertreter von dem Ergebnis in Kenntnis zu setzen und dann ein zweites mit dem Stellvertreter suchen um die Modalitäten im Einzelnen zu besprechen. So ein Gespräch könnte zum Beispiel folgenden Inhalt haben:

„Ich komme zu Ihnen, weil ich Ihren Rat und Ihre Hilfe brauche. Ich weiß einfach nicht, wie ich allen Anforderungen gerecht werden soll. Ich möchte mich keinesfalls unkollegial verhalten, aber ich bin (gerade jetzt) durch meine Ausbildungsverpflichtungen sehr belastet. Ich befinde mich in einer Zwickmühle. Ich möchte Ihnen das ganz offen darstellen. Sehen Sie mal, das ist zum Beispiel ein Stundenentwurf, wie er heute zum Standard gehört. Nächsten Montag und Mittwoch habe ich Hospitationen. Ich brauche die Zeit zur Vorbereitung ...“

Sinnvoll kann es auch sein, Alternativen anzubieten, zum Beispiel: „In der nächsten und übernächsten Woche kann ich nicht, aber in zwei Wochen steht nichts Besonderes an, da bin ich dann gerne bereit mit einzuspringen ...“ So ähnlich vielleicht. Sie werden schon den richtigen Ton treffen. Wesentlich ist nach meiner langjährigen Erfahrung Direktheit und Offenheit, aber auch der deutliche Wille zur Kooperation – innerhalb der von Ihnen darzustellenden Möglichkeiten. Es ist gut denkbar, dass Ihre Schulleitung von Ihren Belastungen keine Ahnung hat. Die Anforderungen haben sich während der letzten Jahre verändert. Heute sehen Stundenentwürfe und schriftliche Arbeiten völlig anders aus als früher. Daher ist es gut, so etwas zu einem Gespräch mitzubringen.

Also, reden Sie mit den Leuten. Das gilt auch für andere Situationen. Sie schreiben zum Beispiel an Ihrer schriftlichen Hausarbeit. In dieser Zeit liegt eine Gesamtkonferenz. Sie sind aber schon so unter Druck, dass Sie meinen jede Minute nutzen zu müssen. Da würde ich mich auch nicht auf irgendwelche rechtlichen Vorschriften beziehen, sondern der Schulleiterin sagen: „Ich schreibe gerade an meiner Arbeit. Ich muss sie am Dienstag abgeben. Mir wäre geholfen, wenn ich heute nicht zur Konferenz kommen müsste. Geht das?“ Da müsste die Dame schon sehr hartgesotten sein, wenn sie kein Einsehen hätte.

Im Übrigen hat die Schulleitung Ihnen gegenüber eine Fürsorgepflicht, die sich je nach objektiven Gegebenheiten, Menschenfreundlichkeit und persönlicher Souveränität sehr unterschiedlich gestalten kann. Der Satz: „Ich brauche Ihre Hilfe!“ bringt diese Verpflichtung relativ wirksam in Erinnerung, obwohl ich zugebe, dass er nicht so ganz einfach ist. Vielleicht üben Sie ihn zu Hause laut und vor dem Spiegel.

Diese Art von Gesprächen würde ich grundsätzlich von dem aktuellen Ereignis abkoppeln, das heißt, ich würde nicht auf den Vertretungsplan gucken, feststellen, dass ich in zehn Minuten dran bin und dann zur Schulleitung laufen. Ich würde diese eine Vertretung machen und mir danach einen Termin geben lassen um zukünftige Regelungen zu besprechen.

Wenn das alles nicht geht oder nichts nutzt, fragen Sie Ihre Ausbilderin, ob sie sich einschalten könnte. Aber erst würde ich immer den direkten und wenig formalen Weg wählen um mir nicht weitere Möglichkeiten zu verbauen.

Noch einige Anregungen zum Umgang mit der Schulleitung: Schulleiter prägen das Klima und den Umgangston in ihren Schulen. Außerdem schreiben sie Ihnen – meist in Zusammenarbeit mit den anleitenden Lehrerinnen – Beurteilungen, die sich vor allem auf Ihre Integrationsfähigkeit, Belastbarkeit, Korrektheit und Zuverlässigkeit im schulischen Leben beziehen. Sie prüfen Ihre Wochenpläne, sind bei den Hospitationsstunden oft anwesend, sind Mitglieder der Kommission der 2. Staatsprüfung und haben unter Umständen Einfluss auf Ihre weitere Beschäftigung. Kurz, sie sind nicht unwichtig. Ich rate Ihnen diesen Damen und Herren nicht untertänig, aber höflich und korrekt entgegenzutreten. Das fängt an bei der Begrüßung auf dem Korridor (ich habe die Erfahrung gemacht, dass bei Kollegen, Schülern und Schulleitung ein Gruß mit Namensnennung eine viel persönlichere Wirkung hat als ein beiläufiges „Hallo"), beinhaltet die pünktliche Abgabe der Wochenpläne und reicht bis zu den fristgemäßen Einladungen (eine Woche vorher!) zu Unterrichtsbesuchen. Auch wenn die Schulleitung aus Zeitgründen nicht zu jeder Hospitation mitkommen kann (oft wird diese Aufgabe an Mentoren oder Fachbereichsleiter delegiert), sollten Sie ihr doch immer mitteilen, wann Ihre Ausbilder in Ihrer Schule auftauchen, und eine entsprechende Einladung aussprechen. Beim ersten Besuch empfiehlt es sich auch durchaus, den Ausbilder vorzustellen: „Ich möchte Sie nicht lange stören. Ich möchte Ihnen nur kurz meinen Ausbilder für Deutsch, Herrn X, vorstellen. Herr X, das ist Frau Y, unsere Schulleiterin!"

Ich bin davon überzeugt, dass Sie das ohnehin so oder ähnlich machen würden. Es stellt sich aber oft heraus, dass im Eifer oder in der Unsicherheit der sogenannten Lehrproben junge Lehrer auch einfache Umgangsformen vergessen und sich unnötigerweise etwas stoffelig präsentieren.

Sollten Sie dennoch in einen Fettnapf stolpern oder formale Fehler machen – das passiert fast allen hin und wieder – tun Sie ganz gut daran, sich zu entschuldigen. Also zum Beispiel: „Heute hatte ich Besuch von meiner Hauptseminarleiterin. Ich habe leider ganz vergessen Ihnen Bescheid zu sagen. Vielleicht wollen Sie sich schon jetzt den nächsten Termin notieren. Sie sind selbstverständlich auch eingeladen."

Also: Ein selbstbewusster, offener Umgang mit den „weisungsberechtigten Autoritäten" ist nur möglich, wenn auch Sie sich auf den Weg machen. Eine Schulleitung kann gute Arbeit nur dann leisten, wenn die Kommunikation stimmt. Leisten Sie dazu Ihren Beitrag!

Na ja, es gibt – in seltenen Fällen – in diesen Positionen auch Menschen, bei denen man sich fragt, wie sie dahin gekommen sind. Wenn Sie nicht die Schule wechseln wollen oder können, rate ich Ihnen sich möglichst korrekt zu verhalten und ansonsten die Kontakte auf das Notwendigste zu beschränken.

Nun noch etwas konkreter zu den Vertretungen: Wenn es denn nun mal passiert ist – wie kann man eine Vertretung überstehen?

Manchmal hat man Glück und der Kollege hat etwas Sinnvolles vorbereitet. Wenn das noch etwas Schriftliches ist, umso besser, dann kann man es einsammeln und ihm alles ins Fach legen, nachdem man den Schülern gesagt hat, dass dies Einfluss auf ihre Zensur haben könnte. Nicht sehr modern und originell, aber wirksam.

Manchmal hat der Kollege auch etwas Unsinniges vorbereitet, zum Beispiel eine Einführungsphase zu einer neuen Einheit. Ich sollte mal in einem mir völlig unbekannten Kurs das Thema „Sexualität" einführen. Mündlich, selbstverständlich – Lehrer-Schüler-Gespräch war vorgesehen. Ich habe mich gehütet und lieber mein eigenes Fach unterrichtet. Der Kollegin habe ich die Sachen wieder ins Fach gelegt und dazu geschrieben, dass ich mir das nicht zugetraut hätte. Diese Botschaft funktioniert meist besser, als wenn man anfragt, was sich der Betreffende dabei gedacht hat.

Bevor Sie in die Vertretungssituation kommen, ist es außerordentlich sinnvoll, sich einen kleinen Fundus an Materialien zuzulegen. Es gibt gute praxisorientierte Bücher in den einschlägigen Verlagen, die speziell Material für Vertretungsstunden mit Kopiervorlagen anbieten.

Jetzt weiß ich auch, warum die Vertretungsstunden vom Kollegen Stenmanns so beliebt sind.
Puth.

Ich habe davon immer mehrere Klassensätze in meiner Schublade in der Schule zu liegen. Fragen Sie Ihre Kollegen danach! Sie werden Sie das sicher kopieren lassen. Wenn es mich dann trifft, brauche ich nur zuzugreifen. Videos helfen auch, aber meist kommt alles so kurzfristig, dass man das mit den Geräten nicht mehr regeln kann.

Also, Sie kommen jetzt mit Ihrem Material (vielleicht konnte auch ein parallel unterrichtender Kollege etwas beisteuern) in den besagten Kurs. Es empfiehlt sich, zwei Sorten von Materialen dabeizuhaben: etwas Ernstes und etwas Spielerisches. Meist sind die Schüler erfreut, dass sie Vertretung haben, nicht weil der normale Lehrer ein Versager ist, sondern weil es eine Unterbrechung der Routine bedeutet und berechtigte Hoffnung besteht, dass das Arbeitsaufkommen geringer ausfällt oder der Test eben nicht geschrieben wird etc.

Als Erstes werden die Schüler von Ihnen wissen wollen, „ob Sie Unterricht machen". Darauf empfiehlt sich die Antwort „Ja!" Meist wollen sie dann wissen, ob Sie nett sind. Das beantworte ich fast immer mit „Nein!", um nicht falsche Erwartungen zu wecken. Der Rest obliegt Ihrem Geschick, aber ich werde Ihnen in aller Ehrlichkeit ein einigermaßen erprobtes Modell schildern.

Sie sagen, dass Sie natürlich Unterricht machen werden und dass es an den Schülern liegt, wie das aussehen wird: „Entweder schreibt ihr jetzt das Diktat, das Frau X vorsorglich vorbereitet hat, oder ihr bearbeitet das Material, das ich mitgebracht habe. Ich erwarte von allen, dass sie den rosa Bogen auf jeden Fall schaffen. Wer damit fertig ist, darf entweder den grünen Bogen machen (Rätsel – wird euch Spaß machen) oder seine eigenen Hausaufgaben erledigen. Ich will aber von jedem genau wissen, was er im Einzelnen machen will." Man kann auch für erledigte Aufgaben Mitarbeitspunkte notieren und sie im Kursbuch oder im Fach des Kollegen hinterlegen.

Ich gebe zu, auch das ist nicht gerade fortschrittlich, aber brauchbar. Wenn der Fall eintritt, dass ein junger Mensch auf die Frage nach seinem Namen mit Micky Maus antwortet, nimmt man sich ganz ruhig Hefter oder Heft, guckt sich bedächtig und wichtigtuerisch den Namen auf der Vorderseite an und notiert ihn sich. Gemein, aber hilfreich.

Schüler wollen auch immerzu auf die Toilette. Bei Vertretungsstunden lasse ich immer nur einen gehen, der sich dann feierlich auf einer

Anwesenheitsliste (!) mit Uhrzeit eintragen muss. Es kann sonst leicht zu einer Alternativveranstaltung in den sanitären Anlagen kommen. Falls er nicht wiederkommt, wissen Sie dann wenigstens, wer es war. Als Umgangston wähle ich meist einen freundlich-formalen und bin ausgesucht höflich. Letzten Endes kennt man sich nicht.

Die meisten dieser Ratschläge treffen auf Schüler der Mittelstufe zu. Bei den ganz kleinen braucht man sich meist nicht so zu wappnen.

So interessant ich sonst das Experimentieren mit alternativen und offenen Unterrichtsformen finde, Vertretungsstunden sind hierfür – besonders für Anfänger – ein nur begrenzt geeigneter Ort.

Die Lehrerpersönlichkeit ...
liegt nicht in der Wiege

*W*enn ich junge Kolleginnen nach dem ersten Unterrichtsbesuch frage, was sie am dringendsten von mir wissen wollen, kommt oft: Wie wirke ich vor der Klasse? Manchmal auch die angstvolle Frage: Bin ich überhaupt eine Lehrerpersönlichkeit?

Kollegen, die kurz davor sind, ihre gesamte Ausbildung auf die Müllhalde zu werfen, und aufgeben wollen, äußern als Begründung auch meist, dass sie eben keine Lehrerpersönlichkeit oder nicht zum Lehrer geboren seien. Die letzte Formulierung lässt mich bei aller Tragik immer an rosig-speckige Säuglinge mit Pensionsanspruch denken.

Es stellt sich nun die Frage: Gibt es so etwas wie eine Lehrerpersönlichkeit? Schwer zu sagen! Vielleicht erhellt folgende (wirklich!) wahre Geschichte einen Aspekt dieser Grauzone:

Nach einem sehr guten Abschluss an der Pädagogischen Hochschule übernahm ich an einer Grundschule (Großstadt, soziales Randgebiet, hoher Ausländeranteil) vor meiner weiteren Ausbildung eine temporäre Vertretung für eine Kollegin. Mein Selbstbewusstsein war auf Grund meiner studentischen Meriten völlig übersteigert, sodass ich mich fröhlich auf 28 Wochenstunden und die Leitung einer sechsten Klasse einließ. Entsprechend war der psychische Absturz, den ich in den folgenden drei Monaten (den vierten und letzten ließ ich mich krankschreiben) erlebte.

Die Kinder machten, was sie wollten, schlugen sich, bedrohten die Ausländer und titulierten sie als Kanacken, lernten absolut nichts, litten selbst unter dem Chaos, verlangten von mir einfache Maßnahmen, wie zum Beispiel mal kräftig mit dem Schlüssel nach ihnen zu werfen, was ich zu ihrer großen Enttäuschung ablehnte, und machten aus ihrer Unzufriedenheit mit mir als Lehrerin keinen Hehl. Ich war todunglücklich, hilflos, verletzt, depressiv, träumte von den Schülern und verstand die Welt nicht mehr. Als ich mich dann am letzten Tag

von meinem Schulleiter verabschiedete, fragte er mich, ob ich denn nun meine Ausbildung zur Lehrerin ordnungsgemäß mit der zweiten Phase fortsetzen wollte. Ich habe diese Frage mit aller Entschiedenheit verneint – träumte ich doch inzwischen von nichts anderem mehr als einem ruhigen Schreibtischdasein in irgendeinem Büro, fernab von Kindern, die mich psychisch demontieren könnten. Darauf sagte dieser Herr, dass er das für eine gute Entscheidung hielte, denn ich wäre ja auch wirklich gar keine Lehrerpersönlichkeit.

Auf der Fahrt nach Hause weinte ich schrecklich, obwohl ich fand, dass der Mann Recht hatte. Dann betrachtete ich mich eine Weile im Spiegel, forschte in meinem verheulten Gesicht nach Merkmalen für eine Lehrerpersönlichkeit und fand keine.

Im Nachhinein führe ich dieses ganze Fiasko auf eine Mischung von akademischer Arroganz, grenzenloser Naivität und bodenloser Unwissenheit über Unterrichtsprozesse zurück. Das allerschlimmste Erlebnis für mich war wohl noch die menschliche Ohrfeige, die mir die Schüler zum Schluss (ich denke inzwischen mit einem gewissen Recht) erteilten. Als am letzten Unterrichtstag ihre richtige (!) Lehrerin zurückkam und mit mir in die Klasse ging, schrien sie mir gleich entgegen, dass die Blumen auf dem Lehrertisch nicht für mich seien.

Es gingen einige Monate ins Land. Ich las ein paar Bücher, zunehmend auch solche, die sich mit Lehrerrolle und Unterrichtswirklichkeit befassten und von Praktikern geschrieben worden waren. Dann hatte ich mich so weit beruhigt, dass ich fand, es sei doch ziemlich schade um das ganze Studium und ich könnte doch noch einen Versuch wagen. Ich suchte mir eine Schule aus, machte im Wesentlichen das, was ich unter Hospitieren und Wahl einer Mentorin beschrieben habe, hatte auch das notwendige bisschen Glück mit meinen Kolleginnen und hielt meine erste Vorführstunde vor dem Schulleiter. Der kam zu folgendem Schluss: „Bei Ihnen brauchen wir uns ja gar keine Sorgen zu machen, Sie sind die geborene Lehrerpersönlichkeit!" Danach ging alles ziemlich gut.

Vielleicht können Sie mit dieser Geschichte nichts anfangen, weil keines der Merkmale auf Sie zutrifft, dann lesen Sie eben unten weiter. Sollten Sie aber ein ähnlich geartetes Desaster erleben, dann sollten Sie noch eines versuchen, bevor Sie alles aufgeben: Falls möglich, wechseln Sie Ihr Umfeld! Suchen Sie sich neue Ausbilder und eine neue Schule und versuchen Sie unbedingt sich ein großes methodisches Repertoire zu erarbeiten (dazu später mehr)!

Also zurück zu der Lehrerpersönlichkeit! Was macht eine gute Lehrerin aus? Es sind einerseits Faktoren, die sich auf Wissen und Können beziehen. Damit meine ich, dass wir möglichst viel über Schüler und Lernprozesse wissen sollten und darüber hinaus uns möglichst viel solides Handwerkszeug erarbeiten sollten. Das andere sind die Persönlichkeitsfaktoren, die etwas schwieriger zu bestimmen sind.

Vielleicht komme ich der Sache näher, wenn ich beschreibe, wem nach meiner Erfahrung das Unterrichten schwer fällt und wem leicht.

Erstens: Wer Spaß an Selbstdarstellung hat, findet hier jederzeit garantiert ein Publikum vor. Das heißt aber nicht, dass alle Lehrenden expressive Entertainerfiguren sein müssen, die das Linoleum des Klassenraums begeistert als Ersatz für die Bretter, die die Welt bedeuten, annehmen.

Zweitens: Introvertierte und verschlossene Menschen haben es schwer.

Drittens: Perfektionisten haben schlechte Karten. Denn es ist nie etwas fertig, nie habe ich alles bedacht, nie machen alle das, was ich möchte, dass sie es machen. Nie haben alle die Hausaufgaben gemacht und nie sind alle Hefter ordentlich. Zwischenmenschliches ist immer in Bewegung und nicht selten im Chaos.

Viertens: Menschen, die Lehrer werden wollten, weil sie andere gerne belehren oder ihre Bildung mit ihnen teilen wollen, ziehen aus dieser Motivation eher Enttäuschung als Glück, weil sie oft feststellen müssen, dass die jungen Menschen nicht belehrt werden wollen und dass Bildung ihnen eher schnuppe ist. Eine starke Motivation kann also auch hinderlich sein.

Fünftens: Ein gewisses Maß an Konfliktfähigkeit hilft. Schulische Beziehungen bestehen nicht nur aus Eiapopeia. Mehr dazu bei „der Rolle des Lehrers".

Fest steht jedenfalls: Menschen, die kein Kommunikationsbedürfnis haben, sind ungeeignet. Wer am liebsten immer allein und still ist, bleibt besser zu Hause, am Schreibtisch, in der Bibliothek, in Wüsten oder auf Bergspitzen. (Alles übrigens sehr empfehlenswert für unbedingt notwendige Kommunikationspausen. Ich will hier keinesfalls unterstellen, dass Bergsteiger schlechte Lehrer wären!) Wer unterrichten will, muss kommunizieren, muss sich irgendwie zur Verfügung stellen, sich demzufolge öffnen. Sich öffnen heißt nicht, mit gesenktem Blick und verschränkten Armen irgendwelchen Lernstoff vor sich hin zu brabbeln. Es heißt, das Risiko eingehen sich den Blicken und dem Urteil anderer zu stellen.

Diese Fähigkeit sich zu öffnen stellt sich bei verschiedenen Menschen auch verschieden dar. Gute Lehrerinnen und Lehrer benehmen sich nicht alle gleich. Es ist auch wichtig für die jungen Menschen, mit denen wir zu tun haben, zu lernen, wie man mit sehr unterschiedlichen Persönlichkeiten klar kommt.

Also, geborene Lehrer sind wohl die wenigsten von uns – jedenfalls habe ich noch keinen kennen gelernt. Wenn Sie Menschen interessant finden und ganz gerne mögen und zudem ein Bedürfnis haben sich anderen Leuten mitzuteilen, haben Sie schon „die halbe Miete". Alles andere ist ein Prozess, ein Zusammenspiel von vielen Faktoren und in großen Teilen lernbar. Vielleicht entdecken Sie auch verborgene Eigenschaften an sich, nachdem Sie mit angelerntem Können, Fertigkeiten und „Tricks" (dazu später viel mehr!) Beifall von begeisterten Schülern ernteten. Ich habe erst in meiner Rolle als Lehrerin erfahren, dass es Spaß macht, expressiv zu sein. Alles ist möglich. Keinesfalls ist Lehrerpersönlichkeit etwas, das man wie eine Blutgruppe oder Sommersprossen hat oder nicht hat.

Die Rolle des Lehrers ...
macht Schwierigkeiten

Sie werden da so Ihre Vorstellungen haben: die mütterliche Freundin, die Sachautorität, der fachkompetente, rückenklopfende Kumpel, Primus inter pares, der große Bruder, der gütige, helfende Mitmensch, der Rächer der sozial Enterbten, die humanistisch Gebildete, die den schönen Geist gern mit anderen teilt ...

Also, nur zu, suchen Sie sich etwas Hübsches aus!

Leider geht das so nicht. Sie sind in der Wahl dieser Rolle nicht frei. Was Sie wirklich im Klassenraum umsetzen, hängt von vielen Faktoren ab:

- von den Vorerfahrungen und Erwartungen der Schüler,
- von dem allgemeinen sozialen Klima an Ihrer Schule: dem üblichen Umgangston, dem Schultyp, dem Kollegium,
- von der Art von Lehrern und Unterricht, die die Schüler früher hatten oder jetzt haben,
- von Ihrer Fähigkeit menschliche Kontakte und Beziehungen herzustellen und zu gestalten,
- von Ihrer methodischen und fachlichen Kompetenz,
- von Ihrer persönlichen Bedürftigkeit.

Ich habe diesen letzten Punkt mit Absicht so direkt formuliert, weil hier oft ziemlich verschwommen herumgeredet wird. Es kommt in der Tat vor, dass Lehrerinnen und Lehrer (hier muss ich einfach mal beide „Sorten" nennen) sich und anderen mit ihrem Wunsch nach Anerkennung und Zuneigung das Leben schwer machen. Es ist wichtig, diesen Punkt für sich zu prüfen, weil dadurch Verletzungen, Wut und Enttäuschung entstehen können.

Damit wir uns richtig verstehen – ich halte es für richtig, dass wir es uns in unserem Beruf möglichst gut gehen lassen. Dazu gehört auch Geldverdienen, Ideale, Ansprüche, Spaß und Zufriedenheit einigermaßen unter einen Hut zu bringen. Denn wenn wir selber dauernd leiden, können wir unseren Beruf nicht ordentlich ausüben.

Dennoch ist klar, dass wir primär unser Geld nicht bekommen um unsere eigene psychische Bedürftigkeit zu befriedigen. Die Schüler werden Sie sowieso mögen, wenn Sie menschenfreundlich sind und Ihre Sache einigermaßen professionell machen. Die Zuneigung der Schüler sollten Sie vielleicht nicht als direktes Ziel, sondern als eine erfreuliche Zugabe sehen. Sie entsteht jedenfalls nicht, indem man unentwegt danach strampelt. Na ja, da wird schon was entstehen, aber ein derartiger emotionaler Teppich ist für die nächsten 30 Jahre eine relativ ungeeignete und vor allem sehr anstrengende Basis.

Also, wir sind dazu da, anderen Menschen Wissen zu vermitteln. Und genau daraus ergeben sich die drei Seiten der Lehrerrolle:

Erstens: das Zwischenmenschliche, hier das Pädagogische. Wir sollen uns ja nicht fröhlich in und von der Masse schaukeln lassen, sondern in einem Lernprozess eine Führungsrolle übernehmen.

Zweitens: die Fachkompetenz.

Drittens: die methodische Kompetenz.

Alles hängt zusammen, denn das Fachliche wird über das Zwischenmenschliche vermittelt. „Ist ja klar!", würde Janoschs Bär hier sagen.

Fachkompetenz setze ich voraus. Wahrscheinlich haben Sie alle ein großes Mehr an Wissen und Können, als Sie jemals die Chance haben vermitteln zu können. Das ist auch gut so. Man kann jedoch feststellen, dass bis zu einem mittleren Anforderungsniveau methodisch kompetente Lehrer durchaus einen relativ erfolgreichen Unterricht machen können, auch wenn sie jeweils nur die berühmte eine Lektion im Voraus sind. Ich habe ein Jahr lang in England mit ganz guten Ergebnissen Französisch unterrichtet, obwohl mein Französisch nicht den geringsten Ansprüchen standhält. Ich habe mich eben immer besonders gut vorbereitet, konnte alle sprachlichen Klippen aus tiefstem Herzen nachempfinden, habe alle methodischen Register gezogen, viele Tonträger und noch mehr stille Impulse eingesetzt.

Also: Gute Lehrerinnen müssen methodisch einfach fit sein. Sie sollen und müssen an Ihrem methodischen Repertoire so viel arbeiten, wie Sie können, am besten Ihr ganzes Berufsleben lang. Methodisches Können bringt Struktur in das Chaos. Wirklich! An dieser Stelle lohnt es sich wie an keiner anderen, viel zu lernen.

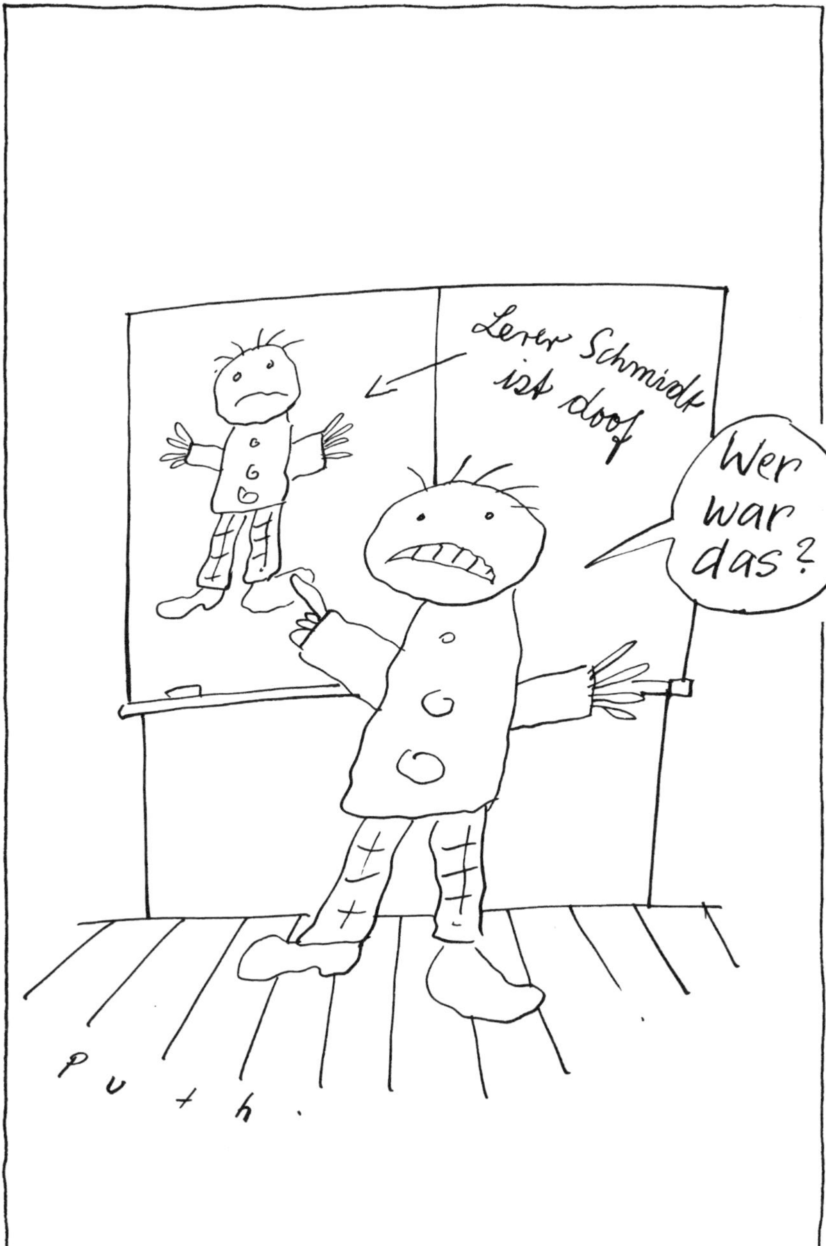
Lerer Schmidt ist doof
Wer war das?
Puth.

Und nun zum Zwischenmenschlichen: „Seien Sie authentisch!",
wird Ihnen vielleicht wohlmeinend und durchaus zutreffend von
Ihren Ausbildern gesagt. Nur – was ist das? Das sowieso sehr flüchtige
und unzuverlässige Ego entflattert, wenn man es definieren soll.
„Seien Sie einfach ganz normal! Seien Sie Sie selber!" Aber wie bin
ich bloß?, fragt man sich angesichts 30 unaufmerksamer Siebtklässler.

Seien Sie Mensch! Vielleicht können Sie damit etwas anfangen.
Ich will Sie nicht dazu überreden, nun unentwegt „die Sau rauszu-
lassen", aber ich erinnere mich gut daran, welche Erleichterung mir
meine erste unpädagogische Antwort verschaffte.

Ich hatte eine Stunde wirklich gut vorbereitet und fand, dass die
Schüler total unaufmerksam waren und meine Mühen überhaupt
nicht würdigten. Plötzlich war ich es leid, warf meine pädagogisch-
didaktischen Handschuhe ab und antwortete auf die zickige Schüler-
frage: „Sind Sie schlecht gelaunt?" nicht mit einem erzwungen-
milden, abwehrenden Lächeln, sondern mit einem klaren patzigen
„Ja!" Der Himmel fiel nicht auf mich herab, die Klasse war ruhig, ich
unterrichtete, sie lernten im Wesentlichen, ich lernte auch und war
zum Schluss außerordentlich gut gelaunt. Natürlich sollen Sie nicht
ständig Ihren persönlichen Frust an den Schülern auslassen (das
würde ich als gemeines Ausnutzen der Machtverhältnisse empfinden),
aber Sie brauchen sich auch nicht dauernd grinsend zu vergewaltigen.
Wenn Sie Ihren Teil des „Vertrags" erfüllt haben – nämlich guten
Unterricht anzubieten –, können Sie mit Fug und Recht erwarten,
dass sich die andere „Partei" an die Abmachungen hält.

Authentizität heißt auch, dass meine Äußerungen zusammenpassen. Es ist nicht authentisch, wenn eine Lehrerin ihre Schüler lobt
und dabei vor lauter Anspannung ein böses Gesicht macht. Die
Schüler erleben diesen Missklang zu Recht als verunsichernd. Sie
wissen nicht, ob nun die verbale oder die mimische Äußerung „gilt",
und werden auf Nummer Sicher gehen und beides ignorieren.
Dasselbe gilt natürlich, wenn wir mit einem Schüler schimpfen und
dabei lächeln. Wir sind der Spiegel für die Schüler. An unseren
Reaktionen sollen sie erkennen, ob sie sich angemessen verhalten.
Wenn wir uns widersprüchlich ausdrücken, entwerten wir unsere
eigenen Aussagen.

Noch eine Anmerkung zur Rolle des guten Freundes und Kumpels: Diese Rolle ist sehr schwierig und bedeutet immer die absolute Gratwanderung. Die Schwierigkeiten entstehen meist weniger beim Unterrichten (vor allem beim Sportunterricht scheint dieses Verhältnis ganz gut zu funktionieren) als beim Beurteilen – wenn nämlich die gute Lehrer-Freundin, die um ein Schüler-Vertrauen geworben hat und der ich es endlich geschenkt habe, mir eine Fünf verpasst oder eine andere unfreundliche Entscheidung trifft, die zu ihrer Lehrerrolle gehört. Ganz furchtbar wird es, wenn ich das dann noch einsehen soll. Vor einiger Zeit kamen Schüler empört zu mir und erzählten von einer Kollegin, die sie dazu zwingen würde, „Du" zu ihr zu sagen. Hier führt sich die Sache natürlich ad absurdum. Ein schlechtes Lehrer-Schüler-Verhältnis lässt sich keinesfalls durch „Rumkumpeln", hier eher Anbiedern vor der Klasse, verbessern.

Präsenz ...
muss sein

Ohne Präsenz gibt es keine erfolgreiche Kommunikation und keine jener Verhaltensänderungen, die wir im Allgemeinen als Lernen beschreiben. Mit Präsenz meine ich nicht einen glückselig wabernden Hier-und-Jetzt-Rausch (dafür ist die Schule sowieso eine wenig geeignete Umgebung), sondern die Tatsache, dass Lernende und Lehrende körperlich und geistig anwesend sind und nicht den Prozessen ausweichen, die ablaufen sollen. Nur wer auch wirklich da ist, wer sich der Situation, den Anforderungen und auch den Konflikten stellt, kann ein Gegenüber für Schüler sein.

In wahrscheinlich Tausenden von deutschen Klassenräumen steht der Lehrer zu Anfang der Stunde in Ausfallstellung am Lehrertisch, kramt in seiner Tasche, sucht, murmelt etwas (Absichten, Drohungen, Bildungsintentionen, je nachdem) – das Wort „Ruhe" und die Wortreihe „wo-hab-ich-denn" nehmen hier meist tragende Rollen ein. Keineswegs ist er aber präsent vor einer Schülerschaft, die ihrerseits in hoch geschlossenen Freizeitjacken hinter ausladenden, noch verschlossenen Rucksäcken schon jetzt das Ende der Stunde erwartet. Im günstigsten Fall entsteht das Bild einer zufällig entstandenen Gruppe, im ungünstigsten Fall der Eindruck eines Lehrers auf der Flucht und einer Klasse auf der Durchreise. Eigentlich wollen alle ganz woanders sein und nehmen das schon mal vorweg.

Dieses Bild trifft meist nicht auf die Grundschule zu, da hier einerseits die Stunde und der Tag weitgehend mit Ritualen begonnen werden, andererseits man hier noch nicht unbedingt „cool" und „ohne Bock" sein muss.

Aus eigener leidvoller Erfahrung einerseits und einigen „Aha-Erlebnissen" andererseits weiß ich inzwischen, dass es darum geht, die richtige Einstellung zu finden. Unter anderem habe ich gemerkt, wie wichtig es dazu ist, sich mit beiden Füßen vor die Klasse hinzustellen. Allein dies „mit beiden Beinen auf der Erde", allein diese Stellung verschafft mir eine Ausgangsposition, die ich jahrelang unterschätzt habe. Indem wir uns den Schülern stellen (im wahrsten Sinne des Wortes), machen wir es ihnen auch leichter, uns zu respektieren und zu achten. Eine verhuschte oder flüchtige Person (auch Zynismus schafft Distanz) ist kein echtes Gegenüber, sie wird eventuell auf Grund ihrer Funktion respektiert, aber nicht als Mensch.

Ich bin mir fast sicher, dass Ihnen das ziemlich unwichtig, albern und äußerlich vorkommt. Natürlich haben Sie Recht – es bedarf auch einer entsprechenden inneren Haltung. Das hängt aber nun mal zusammen. Ich habe erlebt, wie mir eine äußere Position hilft eine innere einzunehmen. Eine Position, die sagt: „Hier bin ich und hier seid ihr und ich finde das in Ordnung. Ich habe euch etwas zu bieten, ich habe an euch Interesse, wir werden zusammen arbeiten und das geht jetzt sofort los!"

Über Körpersprache wird überall viel gesagt, zu Recht, sie ist ungemein wichtig. Bedauerlicherweise wird ihr in Verkaufstrainingsveranstaltungen mehr Aufmerksamkeit gewidmet als in pädagogischen Seminaren. Da wird oft ewig über die Definition der Lernziele erzählt, aber alle halten sich bedeckt, wenn es darum geht zu analysieren, was eine Lehrerin ausdrückt, die sich leicht gebeugt mit verschränkten Armen hinter ihrem Lehrertisch verschanzt. Es ist uns irgendwie peinlich, „so etwas" anzusprechen. Es berührt eine Intimsphäre. Kognitive Leistungen in Frage zu stellen ist uns dagegen nicht peinlich. Dabei ist für den Betroffenen die Aussage „Du wirkst gehemmt!" unter Umständen doch sogar eher zu verkraften als die meist sehr verschlüsselte Aussage: „Du bist dumm!" Denkt man.

Wie stark körperliche Haltung und innere Einstellung zusammenhängen, verblüfft mich jedes Mal wieder, wenn ich mit der Einstellung „Na, das wollen wir doch mal sehen!" in einen bekannt schwierigen Kurs, zum Beispiel als Vertretung, hineingehen muss. Wenn ich das vorher innerlich so richtig kultiviere, tun die Schüler meist „keinen Mucks". Ich muss gestehen, dass ich darüber schon einmal richtig enttäuscht war, weil ich – in streitsüchtiger Stimmung– geradezu einen Anlass gesucht habe, mich so richtig aufzuregen. Wahrscheinlich habe ich das so eindeutig ausgestrahlt, dass die Schüler eine klare Verhaltensanweisung aus meinem „Auftreten" abgeleitet haben.

Ausstrahlung und Präsenz hängen oft zusammen. Was macht einen guten Liebhaber aus? Er gibt mir das Gefühl, dass es für ihn im Augenblick nur mich gibt. Kaum denkt er an seine Lohnsteuerrückzahlung oder daran, dass er jetzt eigentlich wegmüsste, ist seine Ausstrahlung zum Teufel. Ich finde, da gibt es schon einige Parallelen. Sie müssen die Schüler ja nicht unbedingt lieben, aber in diesem Moment, in dem Sie vor ihnen stehen, sollten Sie nun auch in der Tat für sie da sein.

Präsenz bedingt auch Achtung und umgekehrt. Lehrer, die etwas sagen, während die ganze Klasse quatscht, murmelt oder streitet, brauchen sich nicht zu wundern, wenn sie nicht wichtig genommen werden. Nehmen Sie bewusst den Raum ein, den Sie brauchen, und bestehen Sie auch darauf. Also: Warten Sie, bis alle ruhig sind. Reden Sie erst dann weiter. Das ist oft sehr schwer, aber unbedingt notwendig. Wenn Sie in die Unruhe der Klasse hineinsprechen, werden Sie weder ernst genommen noch von allen verstanden.

Natürlich ist es auch nicht egal, wie Mann oder Frau sich anzieht. Denken Sie bitte daran, dass die Schüler – trotz aller Postulate nach mehr Visuellem – oft außer Ihnen nicht viel zum Gucken haben. Ziehen Sie sich so an, dass Sie sich selber ansehnlich und attraktiv finden! Nur Mut! Dass man bei pubertierenden Schülern einige Grenzen beachten sollte, wenn man sich nicht noch zusätzliche Rollenkonflikte aufhalsen möchte, ist auch klar. Aber: Wer präsent sein will, darf sich nicht gleichzeitig verstecken wollen. Eine äußerlich graue Maus signalisiert einerseits, dass sie nicht so gerne deutlich wahrgenommen wird, beschwert sich andererseits aber nörgelnd im Lehrerzimmer, dass die Klasse 7c heute wieder so getan hat, als wäre sie gar nicht vorhanden gewesen.

Stress ...
gehört dazu

Dazu zwei Anmerkungen von Kollegen, die es wissen müssen: Erstens: „Stressfrei bist du nur als Erleuchteter oder als Leiche." Zweitens: „Ich muss nicht immer sinnvoll an der Front stehen."

Also, ohne Stress wird es in unserem Beruf nicht abgehen, kann es auch gar nicht, denn ohne den positiven Stress, den viel zitierten Eustress, gibt es kaum sinnvolle Höchstleistungen.

Zu diesem Stress, dem „schönen" Stress, nur ganz kurz: Gerade gute Lehrer kennen ihn. Man fühlt sich toll und irre, wenn man so richtig „gepowert", sich mit Gott und der Welt erfolgreich angelegt, Schüler durch spektakuläre Aktionen in seinen Bann gezogen hat – dann spürt man sich so richtig. Und nach einer Weile – das ist das Tückische – spürt man noch etwas anderes: Herz, Magen, na ja. Man fühlt sich ausgebrannt und krank. Inzwischen wissen wir alle, dass man mit Eustress sorgsam haushalten soll und dass wir nicht ungestraft pausenlos in ihm schwelgen können. Da dieser Stress jedoch zunächst einen starken persönlichen Gewinn bringt, ist er schwer zu begrenzen.

Mit den Folgen eines permanenten Eustresses brauchen Sie sich vielleicht zunächst weniger zu beschäftigen. Sie werden es wahrscheinlich mehr mit dem negativen Stress zu tun haben, einer psychischen Dauerspannung, die zu einem starken Leistungsabfall und organischer Schwächung führt und nicht so sehr viel mit Erfolgserlebnissen zu tun hat.

Wodurch entsteht negativer Stress in unserem Beruf? Stress entsteht aus Ängsten und Konflikten. Ängste sind fast bei allen – ob uneingestanden oder offen – irgendwann da und Konflikte gibt es reichlich:

1. Wir sind immer zwischen mehreren Anforderungen hin- und hergerissen. Wir können nicht in Ruhe einem Ziel nachgehen, denn wir arbeiten nicht an einer Sache, sondern mit vielen Menschen, auf die wir ununterbrochen reagieren sollen und müssen. Innerhalb einer Unterrichtsstunde stellen wir verbal und nonverbal unendlich viele Verbindungen her, denn wir sollen jeden Schüler nicht nur ansprechen, sondern jeden Einzelnen entsprechend seinen Fähigkeiten fördern. Wir reden mit einem Schüler, versuchen dabei alle anzusprechen, rollen drohend mit dem rechten Auge in Richtung Störenfried, zwinkern links aufmunternd dem gehemmten Mäuschen zu, während sich in unserem Gehirn mögliche Strategien zum weiteren Ablauf der Stunde ein Wettrennen liefern, parallel zu der nicht unberechtigten Furcht, dass die Kollegin vergessen haben könnte uns nach der Hälfte der Stunde ihren Kassettenrekorder zu überlassen und was wir machen könnten, falls sie es doch vergessen hat. Alles läuft gleichzeitig ab. Das strengt an. Nach der Stunde kommen dann noch Schüler mit besonderen Sorgen: Da ist die, die von ihrem Vater verhauen wurde (und man beinahe hofft, dass es dabei auch geblieben ist), und die, deren Meerschweinchen heute Nacht unter ekligen Umständen gestorben ist. Während wir noch mitleidig gucken, rattern wir im Geiste schon die einschlägigen Institutionen wie Familienfürsorge etc. durch. Derweil fragen wir uns, warum die Schüler, die wir für diesen Zeitpunkt bestellt hatten, nicht auftauchen, was wiederum andere disziplinarische Maßnahmen nach sich ziehen muss, über deren Inhalt wir noch nachgrübeln, während uns der Kollege zur Rede stellt, warum wir schon wieder die Sitzordnung verändert haben.

So viel zum Thema Pausen, die dem Ausruhen von Körper und Seele dienen sollen. Das alles findet selbstverständlich nur statt, wenn wir keine Pausenaufsicht haben, über deren Erholungswert ich mich hier nicht weiter auslassen möchte.

2. Stress entsteht, wenn wir uns ständig gegen das wehren, was wir nun mal machen sollen, wenn wir unsere Rolle nicht annehmen, wenn wir in Ruhe gelassen werden wollen, wenn wir nicht von anderen als Person bewertet werden wollen, wenn wir eigentlich woanders sein möchten. Wenn ich im Klassenraum stehe und die ganze Zeit nur zurück in mein Bett will, ist alles, was ich hier erlebe, einfach nur elend.

3. Stress entsteht aus dem inneren Konflikt meinen eigenen Ansprüchen nicht genügen zu können. Schon um dem Schulgesetz zu genügen müsste ich immer ein schlechtes Gewissen haben, immer unzufrieden mit mir sein, immer denken nicht gut genug zu sein. Ich möchte eine Superlehrerin sein und bekomme von allen Seiten die Tatsache um die Ohren gehauen, dass ich es nicht bin.

4. Stress entsteht aus dem Gefühl ausgeliefert zu sein und überrollt zu werden. Ich soll mich ja nicht der Klasse hingeben, sondern führen und leiten.

5. Stress entsteht aus einem Rollenkonflikt. Ich habe mich vielleicht als Freund, als Kumpel angeboten und kann – wenn es an die Zensurengebung geht – dieses Versprechen nicht mehr halten. Ich will, dass die Schüler mich lieben, und sie tun es einfach nicht. Oder Schüler verweigern sich und ich kann meinem Erziehungs- und Lehrauftrag nicht nachkommen. Vielleicht machen die Schüler mich auch gerade völlig fertig und ich fühle mich als Person demontiert, verachtet und gedemütigt.

6. Stress entsteht durch Konflikte mit der Schulleitung, mit Kollegen und Eltern. Man kann sich hier sehr allein, verlassen und ausgenutzt fühlen. Konfliktfelder sind oft: Vertretungen, Veränderung oder Beibehaltung der Sitzordnung, Disziplinprobleme und Einhaltung des Schulgesetzes.

Stress äußert sich in diversen Reaktionen und Zuständen. Viele von uns fühlen sich oft ausgelaugt, bleiern, müde, innerlich zerfleddert, enttäuscht, resignativ oder total überdreht. Wir finden unsere Prioritäten nicht mehr. Alles erhält das gleiche Gewicht – die Unterrichtsvorbereitung, der Vater, mit dem wir noch reden müssen, der Elternbrief, der noch zu formulieren ist, die Korrekturen, die Kassette, die noch zu überspielen ist, das noch zu besorgende Bastelmaterial für den Kindergarten, der Tierarztbesuch mit der Katze – alles addiert sich zu einem schier unüberwindlichen amorphen Haufen, der in dieser Form für uns nicht mehr auflösbar ist. Alles ist gleich schrecklich, sicherlich wird man es nicht schaffen und am besten schläft man auch nicht, damit man keine Zeit versäumt, in der man sich Sorgen machen könnte.

Hier – falls Sie möchten – einige Tipps Stress zu begrenzen:

1. Bereiten Sie sich nach Möglichkeit gut vor! Eine gute Planung ist der Weg fort vom Alptraum. Gerade für Anfänger kostet unvorbereiteter Unterricht viel Nerven.

2. Bereiten Sie einen Unterricht vor, der Sie entlastet. Wer immer frontal im Rampenlicht stehen will oder nichts anderes kann, muss den Preis zahlen abends fix und alle zu sein. Die anderen tun gut daran, sich – nicht nur aus bildungspolitischen, ideologischen und humanitären Gründen – schüleraktivierenden Methoden zuzuwenden. Das kostet Zeit am Schreibtisch zu Hause oder im Gespräch mit Kollegen, aber da kann man es sich bei einem Tässchen Tee oder Gläschen Wein mit der freundlichen Kollegin und schöner Musik viel netter machen als im Klassenraum. Wenn Schüler selbstständig arbeiten, braucht man nicht dauernd wie ein psychologisch geschulter Dompteur im Raum herumzuspringen, sondern kann sich einzelnen Schülern in Ruhe zuwenden oder auch mal aus dem Fenster gucken.

3. Trainieren Sie die Schüler in verschiedenen Lerntechniken! Selbstkontrolle hat hier einen entscheidenden Stellenwert. Lassen Sie nicht zu viele korrekturaufwendige Tests schreiben! Fairerweise muss ich konzedieren, dass das Eintrainieren der Arbeitstechniken sehr viel Kraft kostet. Aber es lohnt sich!

4. Nehmen Sie nicht alle Herausforderungen an! In einer Schule kann man sich unendlich engagieren. Ständig gibt es Extraaufgaben, und wenn keine da sind, kann man sie neu schaffen. Suchen Sie sich etwas aus, das Ihnen liegt, und setzen Sie sich dafür ein (Projekttage, Klassenfahrten, AGs, Organisation des Tages der offenen Tür, Pflege des Schulgartens, der Schulfrösche, Gremienarbeit) – das macht Spaß, bietet eine gute Möglichkeit zur Integration und poliert Ihr Image. Suchen Sie sich eine Ecke, die Sie ein bisschen wie ein Hobby betreiben. Es ist keineswegs nötig, überall mitzumachen. Lassen Sie die anderen auch etwas tun! Lassen Sie los! Sie gehen nicht unter, wenn Sie nicht überall mitmischen. Planen Sie für sich selber Zeiten der Ruhe ein! Immerzu wirbeln kann zu einer schlechten Angewohnheit werden – mit den entsprechenden Entzugserscheinungen, wenn es mal still wird.

5. Konflikten sollte man nicht ausweichen, aber heraufbeschwören muss man sie auch nicht. Hierzu ein kleines Beispiel, das ich „Den

Umgang mit dem Pup (Berliner Ausdruck für Furz) im Unterricht" nennen möchte: Während einer Hospitationsstunde pupte ein Junge (dies Verhalten scheint in der Tat geschlechtsspezifisch) knatternd zur Freude seiner Umgebung in eine methodisch wichtige Phase hinein. Er selber fand das auch sehr komisch. Der Lehrer reagierte, denn reagieren soll man ja auf Unterrichtsstörungen: „Sascha, ich bin von dir enttäuscht! Wenn einem so etwas schon passiert, entschuldigt man sich, steht auf und öffnet das Fenster!" (Ein Kollege, dem ich das erzählte, kommentierte: „Ganz falsch! Man schaut sich vorwurfsvoll um!") Die Kinder blieben erstaunlich brav, kicherten eine Weile, nahmen dann aber – wenn auch zögerlich – die Mitarbeit wieder auf. Der Ausbilder neben mir flüsterte: „Reagiert er nicht etwas über?" Ich meinte das auch. Den Rest der Stunde bewegte mich vor allem die Frage, ob man absichtlich pupen kann. Im Übrigen fand ich, dass der Kollege ganz gut weggekommen war. Seine Reaktion hätte auch hervorragenden Boden für Gebrülle, Gelächter und Gesichtsverlust bereiten können, wenn Sascha und seine Freunde verbal kreativ geworden wären. Merke: Pupen ignoriert man! Man darf aber beiläufig das Fenster öffnen. Dies gilt nicht für die sogenannten Pupsäcke (Faschingsartikel). Die nimmt man wie Feuerzeuge und Ähnliches an sich und lässt sie von den Eltern in der Schule abholen – aber nur, wenn man gemein ist.

Also: Begeben Sie sich nicht in „Arena-Situationen"! Damit meine ich, dass Sie und ein schwieriger Schüler sozusagen in der Mitte stehen und der Rest der Klasse johlend und Wetten abschließend drumherum. Selbst wenn der Schüler einlenken möchte, kann er es dann nicht mehr, weil er vor allen das Gesicht verlieren würde. Reden Sie nach der Stunde mit ihm – allein. Man kann auch eine gewisse Prophylaxe betreiben. Zum Beispiel es fällt Ihnen eine bestimmte Schülerin auf, Sie wissen noch nicht, wie sie heißt. Begeben Sie sich nicht in die Situation, dass Sie sie nach ihrem Namen fragen müssen, den sie dann vielleicht nicht sagt, sondern schlendern Sie zu ihrem Platz und sehen sich das Deckblatt des Hefters an, auf dem der Name steht. Das kann dann später hilfreich sein.

Das Motto „Konfliktbegrenzung" gilt auch für Auseinandersetzungen mit Schulleitung, Kollegen und Eltern. Zum „Umgang mit der Schulleitung" lesen Sie bitte das Kapitel „Vertretungen".

Konflikte mit Kollegen entzünden sich oft an unterschiedlichen Auffassungen darüber, was man als normale Sitzordnung bezeichnen kann. Sie empfinden zum Beispiel Gruppentische oder einen Sitzkreis als normal und besonders geeignet kommunikative Prozesse zu fördern, die Kollegin Klassenleiterin und der Kollege, der die nächste Stunde hat, bestehen aber darauf, die Tische und Stühle zu Stundenbeginn „normal" vorzufinden. Anders als Sie oder Ihre Ausbilderin empfinden diese Kollegen frontale Sitzreihen als normal. Da Sie die Kollegen kaum überzeugen werden, rate ich Ihnen hier zu einem Kompromiss: Sie wählen in Ihrem Unterricht die Raumaufteilung, die zu Ihrem Unterricht passt, und lassen die Schüler zum Stundenende alles wieder so zurückstellen, wie Sie es vorgefunden haben. Diese Umräumaktionen muss man mit der Klasse üben. Es kann eine ganze Unterrichtsstunde dauern, bis jeder seinen Handgriff weiß. Erklären Sie den Schülern, warum das wichtig ist, wecken Sie Ehrgeiz, setzen Sie Preise aus („Wenn wir das in zwei Minuten schaffen, machen wir …, gibt es für alle …"). „Stur stellen" scheint mir ein zu dorniger Weg, der Sie unter Umständen im Kollegium isolieren kann.

Bei größeren Konflikten mit Eltern tut man gut daran, eine fachliche Argumentation vorzubereiten (eventuell schriftlich – wenigstens als Stichpunkte für sich selbst) und sich dann die Unterstützung der Klassenleitung oder Schulleitung zu sichern. Sie werden hier meist Verständnis finden.

6. Perfektionisten sind immer gestresst. Finden Sie sich damit ab, dass Sie alles unvollkommen machen. Es gibt Stunden, da ist man „schlecht drauf", es gibt Schüler, die man nicht erreicht.

7. Bewerten Sie Ihren Unterricht, bei aller Sorgfalt, auch nicht über! Wenn die Schüler mal nichts lernen, ist es auch nicht so schlimm. Davon geht die Welt nicht unter. So wichtig sind wir nun auch nicht. Also, ruhig mal etwas ausprobieren, ruhig mal einen Film zeigen, Geschichten vorlesen lassen, etc. Das gilt besonders für den Fall, dass es Ihnen schlecht geht und Sie sich nur gerade mal so in die Schule geschleppt haben (um dann eine Vertretung für einen „wirklich kranken Kollegen" übernehmen zu dürfen). Retten Sie dann wenigstens die Atmosphäre! Lassen Sie keinesfalls etwas schreiben, was Sie korrigieren müssen, sonst können Sie sich nachmittags oder abends wieder nicht ausruhen. Merke: Wenn man keinen guten

Unterricht machen kann, lieber die Schüler nett beschäftigen (Bilder ausmalen, Comics lesen, malen lassen etc.) als schlechten Unterricht machen und neue Konflikte produzieren!

8. Wenn die Arbeit von der Menge her einfach zu viel wird, kann man im Prinzip drei Dinge tun:

a) Sie können fehlen.

b) Sie können zur „Dreifelderwirtschaft" greifen.

c) Sie können die Kollegin des Parallelkurses zur Zusammenarbeit überreden.

Fehlen geht nur für den Notfall. Bitte begrenzen Sie diesen Ausweg! Es kann mal sein, dass Sie statt sich noch einen Tag unvorbereitet durch den Schultag zu schleppen besser mal ausschlafen und dann ganz in Ruhe Ihre Korrekturen oder Unterrichtsentwürfe am Schreibtisch machen um dann gestärkt und wieder besser organisiert in der Schule zu erscheinen. Häufiges Fehlen rächt sich jedoch bitter und verstärkt besonders Disziplinprobleme, weil die Schüler merken, dass Sie aussteigen wollen. Also statt Fehlen lieber das berühmte Video oder Ähnliches.

Mit der „Dreifelderwirtschaft" habe ich mich bisher erfolgreich durch mein gesamtes Berufsleben gewurstelt. Ich meine damit: In einer Lerngruppe habe ich so richtig gearbeitet (vor allem Arbeitstechniken trainiert und Materialien erstellt), während die anderen beiden Kurse „brach" lagen, also mit wenig Arbeit meinerseits bedacht wurden. Nach einiger Zeit, wenn der arbeitsintensive Kurs dann gut lief, kam einer der vernachlässigten dran usw. Wenn man sechs Gruppen hat, muss man allerdings in mindestens zweien richtig arbeiten.

Zusammenarbeit mit Kollegen ist für einen materialintensiven und fantasievollen Unterricht ein großer Segen. Am Anfang einer Einheit verteilt man, wer was macht, und hat dann nur noch die Hälfte der Arbeit. Außerdem macht es mehr Spaß. Leider ist man aber nicht immer in der Situation. Manchmal gibt es keinen, der parallel unterrichtet, oder der will nicht oder hat vollkommen andere methodische Vorstellungen. Pech!

9. Reden Sie mit anderen! Am besten mit Kolleginnen und Kollegen. Zu Hause wollen die nämlich gar nicht so viel darüber hören. Reden Sie sich Ihre Konflikte von der Seele!

10. Entdecken Sie die Komik der Situation! Vieles von dem, was wir und die Schüler so treiben, ist bei genauerem Hinsehen außerordentlich witzig.

11. Machen Sie sich selber Spaß! Es wird immerzu über den Spaß gesprochen, den die Schüler haben sollen, vom Spaß der Lehrenden spricht selten einer. Dabei ist es wichtig, sich im Unterricht selber zu erheitern. Wählen Sie Texte, Lieder, Gedichte, Filme, Bilder, die Sie einfach toll finden! Ich habe jahrelang jeden Februar meine Schüler im Sprachlabor mit dem Beatlessong „Here comes the Sun" traktiert, weil er mich in gute Laune versetzte. Letzten Endes profitieren die Schüler davon dann auch. Obwohl – die Ikonen meiner Seele lasse ich nicht in den Unterricht: „Me and Bobby McGee" würde ich nie im Unterricht „verwerten". Es hat alles seine Grenzen.

12. Machen Sie Ihre Arbeit (Vorbereitungen, Materialbeschaffung, Korrekturen, Arbeitsbögen, Protokolle, Referate etc.) immer gleich und lassen Sie nicht alles bis auf den letzten Drücker liegen. Wenn Sie am Dienstag einen Unterrichtsbesuch erwarten, sollten Sie am Sonntagabend alles fertig haben, denn vielleicht ist der Kopierer kaputt, vielleicht fällt Ihnen nicht auf Anhieb etwas ein, vielleicht fällt Ihr Kind vom Stuhl oder Ihr Freund kriegt die Masern. Sie brauchen eine Pufferzone, die entsteht nur durch leicht verfrühtes Anfangen. Wenn Sie zu denen gehören, die von sich behaupten, Sie könnten nur unter Druck arbeiten, lassen Sie am besten alles beim Alten. Es klappt ja meist letzten Endes auch. Vielleicht brauchen Sie dieses Restrisiko, vielleicht genießen Sie den Kitzel, dass Sie nicht rechtzeitig fertig werden könnten, vielleicht möchten Sie sich hin und wieder erschöpfen. Ist ja nichts Schlimmes, nur anstrengend. Gemein, nicht wahr? Es bleibt auch noch ein Kompromiss zwischen den Anforderungen und dem Charakter. Vielleicht könnten Sie sich überreden, es diesmal, nur dieses eine Mal, anders zu machen.

13. Fangen Sie hinten an: Machen Sie zuerst das, was Sie unbedingt morgen brauchen! Es nutzt Ihnen morgen früh, wenn Sie entnervt in die Runde der mangels Frühstück blassen Schülergesichter sehen, überhaupt nichts, dass Sie heute Abend akribisch Ordnung in den Wust Ihrer gesammelten Arbeitsblätter gebracht haben. „First things first!" Wenn Sie für morgen eine Feier geplant haben, kaufen Sie heute auch besser den Sekt ein als endlich mal die Besenkammer sauber zu machen, falls da jemand hineingucken möchte. Bei Hospitationen empfiehlt es sich, erst das Material zu erstellen, weil da noch dieses und jenes schief gehen kann. Also erst schneiden, schnippeln, kopieren, den Rekorder überprüfen etc. Den Unterrichtsentwurf habe ich mir immer als Letztes vorgenommen. Den kann man noch zur Not nachts mit der Hand schreiben. Bei aller berechtigten Aufregung über Unterrichtsbedingungen oder Ausbildungsvoraussetzungen sollten Sie eine Doppelstrategie verfolgen: Während Sie Anstrengungen unternehmen unbefriedigende Situationen grundsätzlich zu ändern, sollten Sie vorher den morgigen Tag überlebensnah gestalten. Packen Sie die Butterbrote ein, bevor Sie ausziehen die Welt zu verändern.

14. Mentales Training kann helfen angstbesetzte Situationen leichter zu überstehen. Vor jeder prüfungsähnlichen Situation (auch anfänglich vor dem Unterricht in schwierigen Klassen) spiele ich ganze Sequenzen mental durch, das heißt, ich stelle mir bis ins Detail vor, wie der Raum aussieht, wo die Prüfer, wo die Schüler sitzen, wie die Tafel aussieht, wo der OH-Projektor steht, was ich anhabe. Dann fange ich mit den inneren Dialogen in verschiedenen Varianten an. Also: Dann sage ich, dann sagt die, dann kommt das etc. Wenn ich kann, mache ich das laut. Natürlich achte ich darauf, dass ich in diesen Vorstellungen im wahrsten Sinne des Wortes „gut dastehe". In der echten Situation habe ich dann ein bisschen das Gefühl alles schon zu kennen und erinnere mich, was für ein gutes Bild ich abgegeben hatte. Positive Gedanken und vertraute Bilder mildern Stress (übrigens auch bei den Schülern).

15. Stellen Sie sich den „Worst Case" vor! Damit meine ich das, was in dieser Situation im schlimmsten Falle passieren könnte und was Sie dann machen würden. Oft stellt man dann fest, dass die Sache doch nicht so ganz existenziell ist. Ich empfinde die „Worst-Case-Methode" als beruhigend im Sinne eines ultimativen Sicherheitsnetzes.

16. Tun Sie sich auch während des Arbeitstages etwas Gutes an! Verabreden Sie sich auf eine Tasse Kaffee mit dem netten Kollegen, nehmen Sie Ihr Buch, Ihren Walkman, Ihre Zeitung mit und schalten Sie im Lehrerzimmer oder auf der Bank im Park mal eine halbe Stunde ab. Schaffen Sie sich kleine Auszeiten! Während des Unterrichts halte ich das für problematisch. Der Kaffee trinkende Kollege, der mit hoch gelegten Füßen im Unterricht seine Zeitung liest, muss nicht unbedingt Ihr Vorbild sein. Aber auch den Unterrichtsstress kann man unterbrechen. Schülern und Ihnen wird es gleichermaßen gut tun, im Unterricht deutlich definierte Ruheminuten einzulegen. Da kann es heißen: „Seht euch zwei Minuten die Wörter an der Tafel an und versucht euch möglichst viele davon zu merken!" Oder: „Macht die Augen zu, wenn ihr wollt, und hört euch in die Musik ein!"

Es gibt im Handel schöne Kassetten mit Entspannungsmusik, Fantasiereisen etc. An diese Dinge muss man mit viel Fingerspitzengefühl herangehen. Manche Schüler genieren sich, sich „öffentlich" zu entspannen und/oder sehen diese Phase als geeigneten Zeitpunkt an um vom Stuhl zu fallen. Es klappt aber oft, wenn auch manchmal erst beim zweiten Versuch, und hat dann einen überaus angenehmen Effekt. Denken Sie daran, dass viele Kinder genauso „unter Strom stehen" wie Sie, und schlagen Sie zwei Fliegen mit einer Klappe!

17. Legen Sie Wert auf Ihr Äußeres! Wenn Sie sich innerlich schon total zerfleddert fühlen, müssen Sie sich nicht auch noch entsprechend anziehen. Und wenn wir schon dabei sind: „Zähneputzen und Duschen nicht vergessen!" – auch wenn die Zeit wieder so knapp ist. Es ist total unnötig, dass Sie zu allem Elend auch noch über sich hören: „Der stinkt immer so und dann beugt er sich immer noch so zu mir rüber!" Wobei das Blöde ist, dass Sie es wahrscheinlich nicht hören. Derartige Äußerungen über Kolleginnen und Kollegen sind gar nicht so selten, aber wenige Kollegen können sich dazu überwinden, dies an den Adressaten weiterzugeben. Ich beziehe mich da schamvoll ein. Es ist eben weniger professionell (weil so intim), über Körpergeruch zu reden als über einen schlecht formulierten Impuls.

Disziplinkrisen ...
sind schrecklich

Bei einer Zukunftswerkstatt sollten wir Kollegen unseren Fantasien über eine ideale Schule freien Lauf lassen. Eine Kollegin sagte spontan, glaubwürdig und aus tiefstem Herzen: Die Schüler sollen machen, was ich sage.

Ja, die Angst des Lehrers vor dem Schüler. Wer kennt sie nicht! Die Angst, dass alle machen, was sie wollen, alle über Tisch und Bänke gehen, sich hauen, Sachen zerstören und Schlimmeres. Dass man sich selber wie ein Würstchen fühlt, dass Schulleitung oder Kolleginnen hereinkommen um nachzusehen, was da los ist. Dass man dann in seiner ganzen Armseligkeit erwischt wird und herauskommt, dass man seinen Erziehungs- und Lehrauftrag nicht erfüllen kann. Alles furchtbar und durchaus geeignet eine tiefe persönliche Krise auszulösen. Wer will denn schon unfähig sein, beschimpft werden und Fußabtreter für andere aggressive und uninteressierte Mitmenschen sein? Ich nicht!

Leider gibt es ihn nicht, den immer und jederzeit gültigen Ratschlag, den ich nun geheimnisvoll enthüllen könnte. Es gibt nur Erfahrungen und Tipps. Wenn Sie im Folgenden einen für Sie wichtigen Hinweis finden, wäre dieses Kapitel nicht umsonst.

Ratschläge findet man überall. Als ich – in meinem dritten „Lehrjahr" – ganz aufgelöst meine Probleme mit den Schülern einer Hauptschulklasse in dem entsprechenden Lehrerzimmer ausbreitete, sagte ein Kollege, dass er das überhaupt nicht verstünde, denn bei ihm wären eben diese Kinder ganz brav. Solche Antworten sind natürlich immer wieder sehr ermutigend und motivierend. Statt pampig zu sagen: „Wie schön für Sie!", war ich blöd genug zu fragen: „Was machen Sie denn mit denen?" Ich erwartete wohl irgendwelche Kunststückchen und prompt kam es auch: „Wenn die Krach machen, schmeiße ich erstmal einen Tisch um. Soll'n Se mal selber sehen, wie das wirkt."

Na toll! Es stellte sich die Frage der Übertragbarkeit, die ich ohne Nachdenken für mich als negativ entschied. Weder wollte noch konnte ich Tische umwerfen, und selbst wenn es gegangen wäre, hätte ich damit ja kaum in der nächsten Stunde anfangen können.

Zu dieser Zeit kam ich – dem Himmel sei Dank – mit dem Thema „Verhaltensmodifikation" in Berührung. Für mich brachte das die Lösung, zusammen mit methodisch fast überstrukturiertem Unterricht.

Also, wenn nichts mehr geht, hier ein paar Tipps aus der Küche:

1. Machen Sie sich über Verhaltensmodifikation schlau! Ausbilder, Schulleiter etc. können Ihnen entsprechende Buchtitel oder Papiere geben. Verhaltensmodifikation hat das Ziel das Verhalten der Schüler im Hinblick auf ein gemeinsam definiertes Ziel mit Hilfe von positiven Verstärkern (Bonbons, Lob, Preise, Urkunden, Lobesbriefe nach Hause, Unternehmungen etc.) zu verändern. Voraussetzung ist, dass viele der Schüler durchaus eine Veränderung der Verhältnisse wünschen und dass Sie selber in den Augen der Schüler nicht gerade eine absolute Null sind. Das Lob einer Null bedeutet nichts, höchstens das Gegenteil.

Sie müssen dann ein für alle durchschaubares System der Dokumentation des gewünschten Verhaltens (Namensliste mit Klebepunkten oder so) an der Wand zum Beispiel zugänglich machen. Genauso wichtig ist, dass das System einfach ist, und vor allem, dass Sie es selber durchhalten können. Es funktioniert keinesfalls, wenn Sie alle zwei Stunden Modifikationen einführen. Wenn Sie dauernd sagen: „Ich habe mir das überlegt, so gut ist das gar nicht, wir machen es jetzt anders!", sagen die Schüler bald: „Die weiß nicht, was sie will", und das bedeutet: „Ohne uns!"

2. Leisten Sie Ihren Beitrag! Das heißt, planen Sie Ihren Unterricht gut und lassen Sie es vor allem in der Unterrichtsorganisation nicht an Sorgfalt mangeln – je stringenter und klarer die Arbeitsabläufe, umso besser. Für Schwierigkeitsgrad und Arbeitstempo gilt in disziplinschwachen Gruppen: Die Aufgaben sollten leicht sein, in kleinen unterschiedlichen Einheiten gebündelt sein und flott aufeinander folgen. Dabei sollten nach Möglichkeit die Arbeitsformen und Aktionsformen gewechselt werden (Partnerarbeit, Sitzkreis, Frontalunterricht, Stillarbeit). Berücksichtigen Sie, sooft Sie können, ganzheitliche Lernmethoden und die Tatsache unterschiedlicher Lerntypen!

3. Beschäftigen Sie sich mit Binnendifferenzierung! Binnendifferenzierung ist die Antwort auf die Unterschiedlichkeit der Lernenden. Viele Disziplinschwierigkeiten entstehen dadurch, dass unser Anforderungsniveau oder die von uns gewählten Methoden nur eine kleine Gruppe der Schüler erreichen. Die anderen sind unter- oder überfordert oder reagieren nicht auf die gewählten Impulse. Am auffälligsten und am leichtesten aufzufangen sind die Unterschiede im Lerntempo der Schüler. Während die einen noch in der Nase popeln und in ihren Rucksäcken kramen, sind die anderen mit der ersten Aufgabe schon fast fertig. Wenn Sie nichts über Differenzierungsmaßnahmen wissen, bleibt Ihnen nur übrig die einen beim Kramen zu drängen („Nun mach doch mal!") und die anderen zu bremsen: „Du brauchst nicht so schnell zu schreiben!" Trotzdem wird bald der Ruf erklingen: „Ich bin fertig, was soll ich machen?" „Jetzt wartest du mal!", sagt die entnervte Lehrerin und zerfleischt sich innerlich, weil sie weiß, dass wir alle, auch die „Guten", fördern sollen.

Besorgen Sie sich bei Ihren Ausbildern Material über Binnendifferenzierung und drängen Sie in den Ausbildungsveranstaltungen darauf, hier möglichst viele Maßnahmen kennen zu lernen. Anfangen können Sie aber jetzt schon mit einer Differenzierung nach Stoffumfang und Lerntempo bei schriftlichen Arbeiten. Das ist außerordentlich einfach, erzeugt jedoch verblüffende Veränderungen im Arbeitsverhalten einer ganzen Gruppe. Kernpunkt ist, dass Sie bei einer schriftlichen Aufgabe (die nach Möglichkeit durch Selbstkontrolle zu überprüfen ist) festlegen, welchen Teil alle Schüler machen sollen. Dann legen Sie ein bis drei Zusatzaufgaben fest, die diejenigen machen können, die schon fertig sind. Die Zusatzaufgaben sollten attraktiv und jederzeit zu beenden sein. Schließlich bestimmen Sie den Zeitpunkt, zu dem alle mit ihren Arbeiten aufhören.

Ich schreibe zum Beispiel an die Tafel „1. Lückentext Seite 5 (Selbstkontrolle mit Antwortblatt an der Tür)". Unter diese Aufgabe ziehe ich einen Strich, von dem die Schüler nun schon wissen (weil das immer so ist), dass alle diesen Teil schaffen sollten. Darunter schreibe ich als zweites ein Zauberquadrat mit neun beliebigen

Buchstaben mit dem Impuls: „Finde so viele Wörter wie möglich, die aus zwei bis neun dieser Buchstaben bestehen." Darunter schreibe ich zum Beispiel „9.15 Uhr", den Zeitpunkt, an dem alle Schluss machen sollen. Nur mal als ganz einfaches Beispiel – da gibt es natürlich viel Fantasievolleres.

Die Schüler, die es schaffen, auch die Zusatzaufgaben zu erledigen, müssen irgendwie etwas davon haben. Lob, Anerkennung, Bonbons (ja, wirklich!), Pluspunkte, Lobbriefe an die Eltern – das Feld ist groß. Positive Briefe an die Eltern werden übrigens viel zu wenig eingesetzt. Briefe aus der Schule signalisieren immer eine Störung des häuslichen Friedens. Ein Brief an die Eltern, in dem steht, dass die Tochter schon dreimal mehr Aufgaben gemacht hat, als sie unbedingt musste, hat ungeahnte positive Folgen. Am besten ist es, die Schüler darüber vorher zu informieren, sonst werden sie vielleicht schon verhauen, ehe der Brief geöffnet wurde. Lassen Sie sich viele solche Verstärker einfallen!

4. Verschaffen Sie Schülern die Möglichkeit für jede Menge Erfolgserlebnisse, und zwar möglichst vielen der Anwesenden. Unsere Aufgabe ist es, Schüler zu ermutigen, und nicht, ihnen dauernd Fehler aufzuzeigen. Viele schwierige Schüler sind von der ersten Klasse an Schulversager. Wie würden Sie sich fühlen, wenn Sie jeden Tag erführen, dass Sie so, wie Sie sind, nicht passen oder dass Sie höchstens überall gerade so durchgehen? Viele haben die Schule oder gerade Ihr Fach längst abgeschrieben, weil sie Englisch oder Mathe nun mal nicht können. Sie haben dies immer wieder erfahren und betrachten es als gesicherte Tatsache. Mit der sofortigen Abwehr: „Kann ich sowieso nicht!" schützen sie sich vor neuen Misserfolgserlebnissen. Sie finden, sie hatten davon genug. Ich denke, Sie verstehen das.

Also:

- Gestalten Sie die Stunden so, dass der Unterricht selbst Bestätigung, Freude und Erfolg bringt, und zwar jetzt, nicht irgendwann in der Zukunft. Ich habe noch nie eine Schülerin oder einen Schüler zur Mitarbeit in Englisch bewegen können, indem ich ihr oder ihm in ca. zwei Jahren eine erfolgreiche Kommunikation mit einem hilflosen Engländer an einer deutschen Tankstelle in Aussicht gestellt habe.

- Stellen Sie gemeinsam mit den Schülern realistisch erreichbare Ziele auf! Ein realistisch erreichbares Ziel sollte für die Schüler etwa folgenden Schwierigkeitsgrad haben: „Das ist schwierig, aber das kann ich." So etwas schafft Motivation.

- Wählen Sie ein Feedback für die Schüler, das möglichst schnell erfolgt, damit sie sehen und erfahren, dass sie wirklich etwas gelernt haben. Schwierige Schüler können schlecht warten. Ein Feedback kann die richtige Antwort an der Tafel oder auf einem Antwortblatt (das man mit Tesafilm immer an die gleichen Stellen im Raum heftet) sein, die Bestätigung durch die Lehrerin (verbunden mit einem Lob), es kann dies auch die Antwort des Partners sein, der die richtigen Lösungen vor sich hat. Es ist wichtig, dass an dieser Aktion möglichst viele beteiligt sind, denn: Das Erfolgserlebnis des „Klassencracks", der sich wieder mal an der Tafel produzieren darf, hat auf die Schüler, deren Lernverhalten Sie eigentlich verändern möchten, überhaupt keinen Einfluss. Gerade im Fertigkeitsbereich, hier besonders beim Faktenlernen, kann man solche Erlebnisse ganz einfach organisieren.

Ich kann glaubwürdig versichern, dass ich mit folgender, überaus simpler Übung, die noch dazu keinerlei Vorbereitung bedarf, in allen, in wirklich allen Gruppen Erfolg gehabt habe (Ich hatte den Erfolg, weil die Lerner ihn hatten): An der Tafel stehen ca. 20 Wörter, die die Schüler lernen sollen. Das können rechtschreibeschwierige Wörter, geologische Fremdwörter, englische Vokabeln oder Ähnliches sein. Sie haben die Wörter nochmal lesen lassen, klar gemacht, dass es genau um die geht – und um sonst nichts! Ich sage oft, dass man nicht „Englisch können" muss um diese Aufgabe mit englischen Wörtern zu lösen. Jetzt schreiben alle Schüler auf ein Blatt (ich bringe immer einen Packen Schmierpapier mit – sonst geht das „Ich-habe-kein-Blatt-Geschreie" vielleicht los) die Zahlen 1 bis 20 untereinander auf. Dann können Sie noch eine zweiminütige Konzentrationsphase einlegen, in der alle ganz ruhig sind und sich die Wörter „reinziehen" (wie sie sagen würden). Die Phase können Sie, wenn es ganz schlimm mit der Unruhe ist, auch weglassen. Dann nehmen Sie ein Blatt Papier, knicken es längs, sagen einen Impuls, wie zum Beispiel eine Umschreibung des Wortes, eine Definition, das Wort auf Deutsch etc.

und halten es dann zu. Man kann auch noch den ersten Buchstaben herausgucken lassen. Dann schreiben alle das Wort hin. Wer fertig ist, meldet sich, einer darf das Wort sagen, dann ziehen Sie das Blatt weg, sodass alle das Richtige sehen können. Jeder gibt sich selber einen Punkt, wenn er es richtig hatte, beziehungsweise schreibt das Wort richtig ab. Viele Schüler haben meist vieles richtig und sind oft rührend begeistert. Fünfzehnjährige Lederbekleidete werfen die Fäuste hoch und teilen allen mit: „Das hab ich!" Probieren Sie es, wenn Sie mögen! Wandeln Sie es ab! Wenn es funktioniert, werden Ihnen viele andere Übungen dieser Art einfallen. Auch wenn die so erreichten Lernziele erstmal ganz platt und rein reproduktiv sind – so entsteht Motivation und Sie können besser weiterarbeiten.

5. Gerade schwache und schwierige Schüler suchen oft einen starken persönlichen Kontakt zu Ihnen, resultieren ihre Störungen doch oft aus schwierigen zwischenmenschlichen Beziehungen und Erlebnissen. Sie versuchen nun leider diesen Kontakt auf eine sehr unangenehme Art herzustellen: Sie provozieren, stören, zappeln, ärgern andere. „Schicken Sie den einfach raus!", sagen vielleicht die Kollegen. Erstens dürfen Sie das nicht (Aufsichtspflicht), zweitens bringt es meist nichts. Der junge Mensch wird dadurch kaum weniger stören. Zum einen verpasst er den Anschluss an das, was die anderen lernen, während er draußen ist, zum anderen grenzen wir ihn aus. Er muss also in Zukunft noch mehr auf sich und seine Person aufmerksam machen. Eigentlich ist klar, dass man jemanden, der durch dieses oder jenes unangenehme Verhalten dauernd ruft: „Hier bin ich!", nicht von sich wegschickt, sondern ihn eher näher an sich heranholt.

Ich versuche, wenn ich irgendwie kann, diesen Schülern persönliche Zuwendung zu geben. Das bedeutet, dass sie in meiner Nähe sitzen und ich sie auch schon mal anfassen kann. „Darf man Schüler überhaupt anfassen?", fragen junge Lehrer manchmal. Ja, sicher! Mit der Einschränkung, dass es welche gibt, die das nicht wollen: „Iihh, der hat mich angefasst!" Dann gilt natürlich: Hände weg! Die meisten wollen aber durchaus manchmal eine Hand tröstend oder ermutigend auf ihrer Schulter spüren. Gerade Zappler beruhigen sich dadurch oft. Ganz selten trifft man leider auch auf Schüler, die man selber nicht anfassen mag. Dann ist sowieso guter Rat teuer und man sollte sich sofort mit anderen Kollegen besprechen. Vielleicht kann er in eine andere Lerngruppe, vielleicht fällt denen etwas ein.

Hilfreich ist oft auch das persönliche Gespräch über Privates: „Wo hast du denn das tolle T-Shirt gekauft? Steht dir wirklich gut!" Absolute Nerver werden zu kompetenten Beratern, wenn es zum Beispiel darum geht, ein Meerschweinchen für das eigene Kind zu kaufen. Endlich sind sie in der Rolle etwas Wichtiges zu wissen. Sie können die Tipps geben, wie man das Tier handzahm kriegt. Und vor allem: Sie sehen uns plötzlich als Menschen, mit denen man normale (nichtschulische) Gespräche führen kann, in denen sie nicht die defizitäre Rolle haben.

Gute Erfolge habe ich auch schon mit persönlichen Verträgen gehabt. Voraus geht ein Gespräch: „Also, ich bin mit deiner Mitarbeit nicht zufrieden. Du meldest dich fast nie, statt dessen beschäftigst du dich mit deiner Sportzeitung oder damit, deine Nachbarn zu ärgern. Was denkst du, wie oft du dich eigentlich in einer Stunde melden könntest?" Nun sagt das Kind vielleicht zehnmal. Dann sagen Sie zum Beispiel: „Na ja, vielleicht ist das ein bisschen hoch gegriffen, vielleicht achtmal. Meinst du, das geht?" Es wird vereinbart, wie lange dieses Sich-Melden beobachtet und dokumentiert werden soll. Drei Wochen sind ein ganz überschaubarer Rahmen für Oberschüler. Es werden auch Belohnungen (Brief an die Eltern, Noten) vereinbart sowie Dokumentationsformen entwickelt (zum Beispiel eine Kartei-karte, auf der die Tage eingetragen werden, an denen der Unterricht stattfindet und auf der hinter jedem Datum vom Schüler für jedes Melden ein Strich gemacht wird. Wenn er auch drankommt, kreuzt er den Strich nochmal durch. Schüler sind hier sehr ehrlich!). Das Ganze wird in einem schriftlichen Vertrag festgehalten: „Hiermit verpflichtet sich Hans Schnuppe sich in jeder Stunde mindestens achtmal zum Unterrichtsthema zu melden. Die Lehrerin Haase verpflichtet sich ihn nur dranzunehmen, wenn er sich meldet, das aber mindestens fünfmal pro Stunde."

Es ist wichtig, dass solche Verträge bilaterale Leistungen festlegen. Dann wird das alles feierlich unterschrieben und auf bessere Zeiten gehofft. Es ist wichtig, die ganze Angelegenheit mit dem gehörigen Ernst zu behandeln. Teilen Sie dem Schüler auch mit, welche Maßnahmen Sie ergreifen werden, falls dieser Vertrag nicht eingehalten wird. Machen Sie aber klar, dass Sie das für unwahrscheinlich halten. Dass Sie in den nächsten drei Wochen Ihrerseits nicht schlampen dürfen, versteht sich von selbst. Lassen Sie sich nach jeder Stunde die Karte zeigen, auch um sich selber zu kontrollieren, ob Sie Ihrem Teil des Vertrages nachgekommen sind.

Den „Trick" mit den Karteikarten kann man auch für ganze Klassen anwenden um die allgemeine Mitarbeit zu verbessern. Der Vertrag besteht in diesem Fall dann darin, dass sich die mündliche Note aus den (durch die Schüler selbst vorgenommenen) Eintragungen auf der Karte ergibt, die man allwöchentlich einsammelt und mit Punkten oder Noten versieht. Einige junge Lehrerinnen haben dieses System mit geradezu wundersamen Auswirkungen eingesetzt. Es führt nämlich dazu, dass Schüler ihr eigenes Arbeitsverhalten schwarz auf weiß vor sich sehen und so oft ihren eigenen Anteil an unbefriedigenden Ergebnissen erkennen können.

6. Rituale können helfen. Rituale schaffen Gewohnheiten und Sicherheiten. Viele von uns scheuen sich vor ritualisierten Unterrichtsphasen. Sie denken vielleicht auch, dass das langweilig, autoritär, manipulativ und altmodisch ist. Eine Form an sich ist aber zunächst weder gut noch böse. Eine Gruppe kann sich an den Händen anfassen und sich „Guten Morgen" sagen. Man kann sich aber auch anfassen und brüllen: „Wir sind schön und klug und alle anderen sind Bimbos!" Beides schafft zunächst Vertrautheit, Gemeinschaftsgefühl und damit Sicherheit für den Einzelnen.

Ich meine, dass wir – auch oder gerade wenn wir emanzipatorische Erziehungsziele verfolgen – auf Rituale nicht verzichten sollten. Wir wollen den Einzelnen stärken. Dazu muss sich dieser Einzelne in der Gemeinschaft wohl und akzeptiert fühlen und nicht andauernd angegriffen und überfordert werden. Sich hin und wieder in der Gruppe zu entspannen gibt Kraft und Ruhe.

Um den Begriff nochmals zu klären: Mit Ritualen meine ich nicht Zweierreihen im Gleichschritt und martialisches Gebrülle. Rituale sind zum Beispiel besondere Formen des Stundenanfangs. Das können Lieder sein, das können Verabredungen sein, wie die Tische zu stehen haben, das können Chorsprechgesänge sein, das kann Beifallklatschen nach Einzel- und Gruppenleistungen sein oder die Art, wie sich alle beteiligen, damit alles in zwei Minuten zu einem Kreis umgeräumt ist. Es können bestimmte Übungsabläufe sein: Ich lasse zum Beispiel Vokabeln an der Tafel immer erst laut und langsam von oben nach unten, dann schnell und leise von unten nach oben im Chor sprechen. Meine Schüler mögen das. Sie entspannen sich in dem Gefühl: „Das kenne ich. Hier kann mir nichts passieren. Ich gehe kein Risiko ein. Ich blamiere mich nicht." Rituale dienen im Wesentlichen dem Schutz des Einzelnen. Es gibt auch andere, die ich für nicht ganz so glücklich halte: Wer zu spät kommt, muss der Lehrerin Kaffee holen, die Tafel wischen oder ein Lied singen. Wer die drei Formen von „to be" falsch aufsagt, ist der „Müllmann" für den Unterrichtsraum. Wer quatscht, wird an die Tafel geschrieben. Na ja, wie überall gibt es halt diese und jene Ausprägungen, Sie müssen sich ja nicht an den negativen Beispielen orientieren.

7. Suggerieren Sie sich selber die passende innere Einstellung! Wenn ich wirklich voll innerer Überzeugung zu einem störenden Schüler gesagt habe: „Ich habe diesen Unterricht gestern Nachmittag intensiv vorbereitet, ich habe dafür gründlich gearbeitet. Ich denke nicht dran, mir das jetzt von dir kaputt machen zu lassen!", hat das sehr oft gewirkt.

8. Wichtig ist nur einen anzusprechen. Erstens stimmen Verallgemeinerungen nicht – es wollen ja keineswegs alle Ihren Unterricht kaputt machen –, zweitens kann man eine große Solidaritätsbewegung nicht brauchen, drittens könnten Gedanken auch hier Wirklichkeit werden und alle zu Störenfrieden werden lassen. Es geschieht oft, dass wir die Relationen verlieren. Es stören drei Schüler und wir finden, dass es die ganze Klasse ist. Negative Wahrnehmungen setzen sich leichter durch als positive. Wir könnten auch wahrnehmen, dass siebenundzwanzig gut mitgemacht haben.

9. Lassen Sie Bewegung im Unterricht nicht nur zu, sondern planen Sie sie bewusst mit ein! Viele Schüler sind sehr motorisch und können oder wollen nicht still sitzen. Immerzu zappeln sie herum, stören die lernende, sitzende Gemeinschaft und nerven die Lehrer. In den traditionellen Unterrichtstheorien hat Bewegung wenig Platz. Wir tun im Allgemeinen so, als ob wir nur mit dem Teil des sitzenden Schülers arbeiten, den man oberhalb der Tischplatte erkennen kann. Inzwischen ist das Bewusstsein über die Verknüpfung von Lernprozessen und Bewegungen weiter fortgeschritten. Es gibt auch einige sinnvolle Bücher zu diesem Thema (Stichwörter: Kinesiologie, Psychomotorik, Suggestopädie). Interessant auch hier neue Wortschöpfungen wie „Brain Gym" und „Gehirnjogging". Andererseits bestehen Pädagogen immer noch darauf, dass der Lernstoff „sitzt". Wahrscheinlich, damit ihre Schüler auf dem Laufenden bleiben. Auf diesem Gebiet gibt es unendlich viel zu tun.

Was können Sie gleich jetzt machen um motorischen Bedürfnissen entgegenzukommen? Geben Sie den Schülern die Gelegenheit während des Unterrichts aufzustehen und herumzugehen. Je unruhiger die Lerngruppe, desto mehr „organisierte Bewegung" ist angesagt. Was kann das sein? Es kann Chorsprechen mit rhythmischen Bewegungen sein (Trampeln, Klatschen etc.), es kann ein Antwortblatt sein, das so angebracht ist, dass man aufstehen muss um die Lösungen zu erfahren, es kann ein Laufdiktat sein. Laufdiktate sind wunderbar geeignet die Schüler selbsttätig und nicht sitzend zu unterrichten: Der zu diktierende Text (ich verteile ihn meist auf ca. zehn Zettel) wird zum Beispiel im Raum verteilt aufgehängt. Partner A läuft hin, liest den Text, bewegt ihn in Herz und Hirn und läuft mit diesem „Gedächtnisschatz" zurück zu seinem Partner B. A diktiert den erinnerten Satz Partner B (manchmal muss er auch zurücklaufen, weil er den Satz vergessen hat), Partner B schreibt ihn auf. Nach fünf Sätzen wechseln die Rollen. Dann läuft B hin und her und A schreibt. Abgesehen davon, dass das Laufen Laune macht, wird der Text auch besser behalten. Das räumliche Gedächtnis unterstützt hier das semantische. Sie kennen auch sicher die Situation, dass Ihnen ein verlorener Gedanke wieder einfällt, wenn Sie an die Stelle zurückgehen, an der Sie ihn zum letzten Mal „hatten". Es muss hier nicht um Rechtschreibung gehen. Es könnten zum Beispiel auch Fakten sein, die die Partner dann verifizieren müssten.

Ich habe mit Absicht die „organisierte Bewegung" erwähnt. Wenn Sie in einer traditionell unterrichteten Klasse plötzlich sagen würden: „Ihr seid alle so unruhig! Steht mal alle auf und bewegt euch irgendwie!", hätte das bei jüngeren Schülern den Effekt, dass alle „über Tische und Bänke" gehen würden. Ältere Schüler würden einfach nichts machen und träge auf ihren Plätzen verharren. Beide Fälle wollen Sie nicht erleben. Lassen Sie die Schüler los, aber schaffen

Sie ihnen einen Rahmen, der überschaubar ist. Einfach so loslassen schafft Ihnen eher noch mehr Disziplinprobleme.

10. Wenn Sie selber nicht mehr weiterwissen, ist es keineswegs ein Gesichtsverlust, sich Hilfe bei anderen zu holen. Ich würde allerdings darauf verzichten, in der Stunde selbst den Rektor oder Klassenlehrer in die Klasse zu holen. Meistens sind Sie dann „unten durch". Das sollten Sie wirklich nur tun, wenn es darum geht, akute Gefahren oder Schaden zu vermeiden. Damit meine ich zum Beispiel, dass sich zwei Schüler ernstlich prügeln und Sie sie nicht daran hindern können.

Meist liegt der Fall aber nicht ganz so schlimm. Versuchen Sie den Schaden erstmal selbst zu begrenzen. Ich schreibe mir zunächst die Telefonnummer des Schülers auf, und zwar mit großem Ernst, sage ihm, dass ich das nächste Mal davon Gebrauch machen werde. Ich sage auch gleich, welches mein nächster Schritt wäre, räume aber gleichzeitig Chancen ein (zum Beispiel Verträge). Dann rede ich entweder mit den Eltern oder mit dem Klassenleiter und dem Kind.

Wenn Sie nicht wissen, was Sie machen sollen, oder alles schon ganz verfahren oder schrecklich ist, reden Sie dann erstmal mit Ihnen freundlich gesonnenen erfahrenen Kollegen, fragen Sie sie eindringlich um Rat. Sagen Sie auch, dass Sie Hilfe brauchen, und zwar bald! Es kann sonst leicht passieren – ich habe das leider auch schon gemacht –, dass die anderen denken, es sei nicht so schlimm und Sie mit einer Bemerkung wie „Kenne ich, mach dir nichts draus. Denke immer an die Gehaltsabrechnung!" zunächst abspeisen, weil sie entweder ihre Ruhe haben wollen oder die Dramatik des Falles nicht erkennen. Unter Umständen müssen Sie den schon erwähnten Satz: „Ich brauche Hilfe!" üben. Gerade Männern fällt er schwer. Vielleicht geht auch: „Ich bin hier am Ende! Ich weiß nicht mehr weiter. Was rätst du mir?"

Nach dieser Rücksprache würde ich dann die nächsten Instanzen angehen: Klassenleitung (vielleicht hat das Kind eine „Akte"), Eltern, Schulleitung etc. Oft helfen Aussprachen innerhalb einer Jahrgangskonferenz, das sind alle Lehrer, die den betreffenden Schüler unterrichten. Sie können und sollten in wichtigen Fällen in Absprache mit Klassenleitung und Schulleitung ein solches Treffen initiieren. Ergebnis könnte sein, dass ein Schüler in die Parallelklasse wechselt oder den Unterricht temporär (nämlich immer dann, wenn er unerträglich stört) verlässt und in die Klasse des Kollegen X geht. Es gibt auch eine psychologische Beratungsstelle beziehungsweise andere Einrichtungen für verhaltensauffällige Kinder und Jugendliche. Besprechen Sie das mit den Klassenleitern!

Bei manchen Schülern „hilft nichts". Wir können sie nicht erreichen, auch wenn wir uns an Einfühlungsvermögen, pädagogischer Fantasie und Schlagfertigkeit fast überschlagen. Das ist bitter, aber wahr. Uns bleibt dann nur noch die entsprechenden sozialen Einrichtungen zu aktivieren.

So weit die Einzelfälle. Sollte es wirklich sein, dass Sie – nachdem Sie alle Register gezogen haben – mit einer ganzen Lerngruppe nicht klarkommen, müssen Sie das mit der Schulleitung und Ihrer Ausbildungsleitung besprechen, denn dann sollten Sie die Klasse abgeben beziehungsweise mit jemand anderem tauschen. Es ist nicht notwendig, gleich den Beruf aufzugeben.

Ideen ...
brauchen Offenheit

Für gute Unterrichtsideen gibt es kein Copyright. Ich habe immer schamlos alles, was ich gut und interessant fand, kopiert oder für meine Situation passend „umgestrickt". Nichts, was ich tue, ist letzten Endes auf meinem Mist gewachsen, alles ist „geklaut", nur die Zusammenstellung ist oft von mir. Eben diese erscheint dann oft wieder als originell oder ist es vielleicht auch. Ich meine, alles Kreative entsteht letztlich auf diese Weise.

Ich finde meine Ideen überall: in Zeitungen, bei Kollegen, im Fernsehen, in Gesprächen, beim Zugucken im Unterricht, durch Videoaufzeichnungen von Unterricht, manchmal auch in Büchern und Zeitschriften über Unterricht. Dort profitiere ich am meisten von den Autoren, die praktische und pragmatische Vorschläge machen. Theorien sind gut und schön und auch Sie sollten sich damit beschäftigen, aber morgen müssen Sie wieder antreten und was machen Sie dann? Suchen Sie sich Literatur, die Ihnen hierüber Auskunft gibt! Sie finden praktikable Anregungen in Büchern und Artikeln über Verhaltensmodifikation, Binnendifferenzierung, ganzheitliche Methoden, Suggestopädie, NLP (neuro-linguistisches Programmieren), Lernpsychologie, Stressbewältigung, Hirnforschung, Psychomotorik, Vorschläge über Vertretungsstunden und Unterrichtsentwürfe. Alles, was beschreibt, was Sie in wörtlicher Rede sagen und tatsächlich tun können, hilft Ihnen jetzt.

Lassen Sie sich nicht von Systemen schrecken! Ich nehme mir einfach ungeniert und eklektisch das heraus, was ich brauchen kann. Teig gibt es überall genug, picken Sie ruhig die Rosinen heraus und probieren Sie aus, was Ihnen sinnvoll erscheint. Die naserümpfende Ablehnung von Unterrichtsrezepten habe ich noch nie verstanden. Natürlich lässt man alles erstmal durch den Filter der eigenen Einstellungen, Vorstellungen und Bedingungen gehen. Alles, was da passen könnte, kann man versuchen.

Reden Sie oft mit Kollegen! Lassen Sie sich deren Arbeitsbögen zeigen (nachdem Sie auch Ihre zur Verfügung gestellt haben)! Fragen Sie, ob Sie sich etwas kopieren können! Legen Sie sich eine Materialsammlung an, sammeln Sie Fotos aus Zeitungen, witzige Bilder, tolle Songs. Die meisten meiner guten Unterrichtsstunden haben ganz entgegen den didaktischen Prinzipien, in denen immer das Ziel an erster Stelle steht, mit dem Gedanken begonnen „Da habe ich doch noch …" Oder: „Da hatte Hans doch neulich dies tolle …" Natürlich habe ich ein Thema und ein Ziel im Hinterkopf, der Impuls geht aber oft von Materialien aus.

Je spielerischer und respektloser Sie den großen Theorien gegenüber angelegt sind, desto leichter wird es Ihnen fallen, einen fantasievollen Unterricht zu machen. Kreative werden bienenfleißig, wenn es darum geht, etwas zu gestalten.

Ausbilder ...
wissen manchmal auch etwas

Ausbilderinnen und Ausbilder sollen beraten und beurteilen. Wie wir das übrigens bei den Schülern auch sollen. Das allein schafft schon Konflikte. Wenn Sie wirklich Probleme haben, kann es nicht in jedem Fall günstig sein, die Ausbilderin in eben jenen schwierigen Kurs einzuladen und ihr das Herz zu öffnen. Vielleicht wollen Sie ihr auch nicht erzählen, was Sie mit diesen Schülern alles schon angestellt haben. Sie wollen ihr vielleicht auch nicht mitteilen, dass Sie einfach keine Lust hatten Ihren Unterricht gründlich vorzubereiten. Also, die Ehrlichkeit hat hier die Grenze an der Angst, dass sich so entstandene Einsichten in negativen Noten niederschlagen werden.

Ich will keineswegs sagen, dass diese Ängste unberechtigt sind. Ich selber habe in meiner Ausbildung erlebt, dass ich in dem einen Kurs, der super lief, immer gute Noten bekam. Als ich meinen Ausbilder dann einmal voller Hoffnung auf guten Rat in den anderen einlud, nämlich in den Kurs, mit dem ich nicht so gut klarkam, war die Note gleich zwei Zensuren schlechter. Vielleicht war die Stunde auch viel schlechter, aber ich habe danach trotzdem keinen mehr in diesen Kurs eingeladen und so auf eine entsprechende Beratung verzichtet. Meine Mentorin hat diesen Teil dann übernommen.

Ich halte diese Zwickmühle auch jetzt – nachdem ich selber oft die Rolle der Ausbilderin einnehme – für nicht auflösbar. Ich strebe zwar eine möglichst große Offenheit zu meinen Seminarteilnehmerinnen an, aber alles will ich manchmal auch nicht wissen.

Im Übrigen ist es im Umgang mit den Ausbildern wohl so, dass es nur zwei Alternativen gibt. Man kann mit ihnen oder eben nicht. Wenn man gar nicht mit ihnen kann, gibt es unter Umständen die Möglichkeit das Seminar zu wechseln.

Wenn man sich entschließt zu bleiben, muss man irgendwie mit ihm oder ihr klarkommen. Dabei spart es viel Herumgerede, wenn Sie möglichst bald erfahren, worauf es bei der Dame oder dem Herrn ankommt. Alle haben ihre Steckenpferde, die vielleicht auch ganz gut zu Ihnen passen, aber man muss sie halt kennen. Dies ist manchmal nicht so leicht. Aber Sie sind ja nicht alleine in dem Seminar. Reden Sie mit den anderen, bilden Sie kleine Arbeitsgemeinschaften! Erkundigen Sie sich, was bei den anderen schon gelaufen ist, wenn Sie neu hinzukommen. Stellen Sie laut und deutlich die naive Frage, was denn guten Unterricht im Kern ausmacht. Lassen Sie da nicht locker! Schlagen Sie „Kriterien für guten Unterricht" als Thema für eine Seminarsitzung vor. Sie könnten ja auch anbieten ein Thesenpapier zu erstellen. Da könnte zum Beispiel stehen: Frontalunterricht kann kein guter Unterricht sein. Oder: Jede gute Stunde enthält eine Partnerarbeitsphase. Oder: Guten Unterricht erkennt man an der Mitarbeit der Schüler. Oder ähnlich Wahres oder Provokatives. Irgendwie muss der Leiter dann „aus der Tasche kommen". Wichtige „Augenöffner" sind auch die Unterrichtsstunden, die der Leiter selber vormacht. Falls er von sich aus nicht dazu einlädt, fordern Sie das Recht ein, indem Sie penetrant immer wieder danach fragen.

Wenn Sie dann wissen, worauf es ankommt, können Sie zum zweiten Mal erwägen den Abgang zu machen. Wenn das nicht in Frage kommt, tun Sie gut daran, den formulierten Anforderungen eine Chance zu geben. Lassen Sie sich ein, eventuell auch auf Dinge, die Ihnen albern oder unsinnig vorkommen. Sie können es ja mal ausprobieren. Irgendetwas muss ja dran sein, wenn ein Praktiker davon schwärmt.

Was Unterrichtsanalysen und Beratungen im Anschluss an Ihre Stunden angeht, gibt es grob gesagt zwei „Typen" von Ausbildern: Die einen versuchen Sie durch mehr oder weniger geschickte Impulsgebung dazu zu bewegen, Ihre möglichen Fehlentscheidungen selbst zu finden und Alternativen zu benennen. Die anderen sagen klipp und klar, was sie nicht gut fanden und wie sie das machen würden. Die erste Variante hat den Vorteil, dass man sich nicht bevormundet fühlt, aber auch den Nachteil, dass man oft nicht weiß, was der oder die eigentlich wissen will. Für die zweite Variante spricht, dass man nicht wesentliche Energien an Interpretationen und Exegesen verschwendet – dafür fühlt man sich aber eventuell „gegängelt". Gott sei Dank bewegen sich viele Ausbilder irgendwo zwischen diesen beiden Extremen.

Bedenklich, wenn auch verständlich, finde ich, dass wir als Fachseminarleiterinnen viel zu wenig negatives Feedback bekommen. Alle haben Angst sich ihre Noten zu verderben. Verstehe ich ja, aber es ist erstens nicht gut für unseren Charakter und zweitens kann es für Sie eigentlich auch nicht besonders befriedigend sein. Wenn sich keiner traut, könnten Sie sich doch Möglichkeiten anonymer Stellungnahmen ausdenken. Eine Sprecherin könnte Kritik äußern oder alle geben anonyme Zettel ab, nachdem Sie den Unterricht des Meisters genossen haben. Es gibt auch immer noch die Möglichkeit, nach der Prüfung so richtig vom Leder zu ziehen. Das hilft der Seele und den Nachfolgenden.

Was ich als Ausbilderin nicht leiden kann:

- Ewiges Zuspätkommen.
- Ausgeprägtes Schülerverhalten (Quatschen, Kichern etc.).
- Schwerfällige Verhandlungen über den Termin des nächsten Unterrichtsbesuches. Manchen Leuten passt es überhaupt nie. Ihr Leben scheint aus Ausnahmen und Katastrophen zu bestehen. Hier überkommt mich – nach anfänglichem Mitleid – deutlicher Unwille immerzu Verständnis zu haben.
- Die fortwährende Verwendung des Wortes „aber“. Man macht einen Vorschlag nach dem anderen, aber nichts geht. Es kommt immer nur : „Ja, aber …“ Meine Bereitschaft nach Lösungen für die Probleme dieser Kolleginnen zu suchen lässt deutlich nach.
- Kurzfristiges Absagen der Unterrichtsbesuche. Ich finde das einfach egozentrisch. Die Leute blockieren damit den Termin für andere und alle kommen unter Druck. Natürlich gibt es Gründe einen Besuch abzusagen, aber Sie sollten diese Möglichkeit nicht zu sehr strapazieren.
- Wenn die Kollegen in der Analyse allem und jedem die Schuld an einer miesen Stunde geben, aber ihren eigenen Anteil nicht sehen können.
- Wenn mich jemand zu acht Uhr in seine 25 Kilometer weit entfernte Schule bestellt, wo entweder kein oder ein kaum lesbarer Entwurf und eine unvorbereitete Stunde auf mich warten. Wenn dieser Umstand dann noch nicht mal erklärt wird oder sich wiederholt, hilft auch keine Tasse Kaffee mehr, die mich sonst oft über manches hinwegtröstet.

Konkrete Utopie ...
steht nicht in den Sternen

Das Desolate der deutschen Schule aus der Sicht einer altgedienten Lehrerin zusammenfassend aufzuzählen ist weder motivierend noch originell. Daher erlaube ich mir einen vielleicht diskussionswürdigen Blick nach vorne und stelle mir das Umfeld Lehrer und Schule zum Beispiel wie folgt vor:

1. Es werden junge Lehrer eingestellt – auch mit reduzierter Stundenzahl. Wir brauchen Menschen mit innovativem Potenzial, anderem Denken und neuen Ideen – Menschen, die hinterfragen, was wir hier eigentlich die ganze Zeit machen.

Volkswirtschaftlich gesehen ist es sinnvoller, ihnen ihre Tätigkeit in der Schule zu bezahlen als Umschulungsmaßnahmen zu finanzieren. Politisch gesehen kann es sich die Schule nicht leisten, nur noch im Saft der alten Hasen zu schmoren, während sich die Gesellschaft in atemberaubendem Tempo entwickelt. Menschlich empfinde ich es als ungerecht, wenn wir Älteren uns bis ins hohe Alter in die Schule schleppen müssen, während junge, bestens ausgebildete Kolleginnen und Kollegen – die oft voller Ideen und Engagement sind – in eine Warteschleife mit ungewissem Ausgang geschickt werden. Auch den Schülern gegenüber ist es unverantwortlich, nur von einer Generation erzogen zu werden.

2. Lehrer arbeiten im Team. Das bedeutet, dass sie im Hinblick auf ihre grundsätzlichen pädagogischen Zielsetzungen und ihre zwischenmenschlichen Verhaltensweisen zusammenpassen müssen. Dies geht schlecht, wenn ein Schulamt bürokratisch die Einstellungen vornimmt. Die Schule selbst muss Einfluss auf die Zusammensetzung ihres Kollegiums haben. Lehrer besuchen sich regelmäßig im Unterricht. Dafür sind Stunden vorgesehen. Es geht nicht an, dass ein derart wichtiger Beruf ohne das geringste Korrektiv ausgeübt wird. Korrektiv bedeutet hier nicht Kontrolle, sondern Erfahrungsaustausch, Verständnis und Hilfe.

3. *Lehrer sind kompetente und engagierte Vertreter ihres Berufsstandes.* Sie gestalten selbstbewusst ihr Umfeld. Sie nehmen regelmäßig an Fortbildungsveranstaltungen teil, die sich mit Unterrichtsinhalten, Lerntheorien, Methodik und ihrer Rolle als Lehrer auseinandersetzen. Fähigkeiten und Engagement werden innerhalb einer bestimmten Bandbreite selbstverständlich honoriert.

Lehrer haben andererseits das Recht und die Möglichkeit Hilfe für sich einzufordern, das heißt sich zum Beispiel in beruflichen Krisensituationen ihrerseits kompetent beraten zu lassen. Es werden auch Möglichkeiten beruflicher Umorientierung eröffnet. Ein Beruf mit derartig hohen persönlichen Anforderungen darf keine Sackgasse sein. Es ist weder menschlich noch finanziell zu vertreten, dass die Kollegen allein gelassen werden und im Notfall nur noch der Weg in die Kliniken für psychosomatisch Kranke bleibt. (In meiner Berliner Lehrerzeitung inseriert regelmäßig und wahrscheinlich aus gutem Grund eine Institution, die verspricht, das Burnout-Syndrom beihilfegerecht zu heilen.)

4. *Lehrer können und wollen sich mit moderner Informationstechnologie und ihrem Einsatz im schulischen Bereich befassen.* Die Informatikkundigen in den Schulen öffnen ihren Bereich den Unkundigen und beraten sie statt ihnen den Zugang zu verwehren. Wie können wir in dem zukünftigen Informationsdickicht als Moderatoren und Wertevermittler auftreten, wenn wir nicht wissen, wie die Technologie funktioniert und was sie bietet. Unsere Glaubwürdigkeit steht auf dem Spiel.

5. *Wer sich den Anforderungen nicht mehr gewachsen fühlt, hat die Wahl unter mehreren Möglichkeiten.* Statt den Weg der Frühpensionierung oder in die Krankheiten zu gehen können Lehrer andere Tätigkeiten im Zusammenhang mit Schule und Bildung wahrnehmen. Es spricht nichts dagegen, dass sie in den durch Personalmangel teilweise geschlossenen Bibliotheken Bücher ausleihen, einzelne Schüler betreuen, Stunden- und Vertretungspläne erstellen, in Ämtern Anträge bearbeiten etc., so wie es schwangere Kolleginnen zum Teil im sogenannten Innendienst machen. Für die voll arbeitenden Kollegen wäre das eine große Hilfe und die Betroffenen würden das vielleicht sogar lieber machen als zu Hause sitzen. Es gibt ja noch nicht mal Angebote für sie! Es gibt nur „alles oder nichts". Wie kann der Staat es sich leisten, mit Energien und Kompetenzen so umzugehen? Das Gleiche könnte für ältere Lehrerinnen und Lehrer gelten: Statt immer vor der Klasse zu stehen könnten sie einen Teil ihrer Stunden mit anderen Tätigkeiten verbringen. Viele würden so wesentlich gesünder in ihr Pensionsalter hineingleiten – wobei sie dann auch nicht unbedingt mit 65 Jahren den Löffel fallen lassen müssten, sondern durchaus noch Betreuungs-, Beratungs- und Organisationsaufgaben übernehmen könnten. Junge Kolleginnen und Kollegen könnten die frei gewordenen Unterrichtsstunden übernehmen und so in ihren Beruf hineingleiten.

6. *Schulen nutzen die freien Kapazitäten anderer Menschen.* Ich meine damit Eltern, Verwandte und Bewohner des Einzugsbereiches. In englischen Grundschulen helfen Opas und Omas beim Lesenlernen, betreuen schwierige Schüler, stricken und malen mit den Kindern und reparieren Kassettenrekorder. Warum kann das nicht ein allgemeines Prinzip sein? Viele Menschen haben viel Freizeit, einige sind arbeitslos. Fähigkeiten und guter Wille bleiben ungenutzt in einem Feld, in dem menschliches Miteinander so wichtig ist. Es geht darum, die Kapazitäten einer Freizeitgesellschaft für die Jugend zu nutzen. Wie sollen Toleranz und Verständnis entwickelt werden, wenn – trotz kommunikativer Vernetzung – die sozialen Bereiche voneinander getrennt bleiben, alle in „ihren Schubladen sitzen bleiben" und die einen den anderen etwas neiden, von dem sie gar nicht so genau wissen, was es ist. Meckernde Mütter (die gerade in den Grundschulen oft den Kolleginnen das Leben schwer machen) könnten sich in engagierte Mitstreiterinnen und Säulen einer Schule verwandeln, würde man sie in Lehr- und Lernprozesse einbinden. Jetzt lassen wir sie meist nur Milch und Kakao verteilen.

Dies bedeutet nicht, dass Lehrerstellen eingespart werden. Es bedeutet zusätzliches menschliches Miteinander – zum einen Hilfestellung für eine junge Generation, die unter einem Mangel an

Werten, Wärme und Geborgenheit leidet, zum anderen Wertschätzung der Menschen, die Zuwendung und Erfahrung geben wollen und können, die aber oft allein bleiben, weil angeblich keiner sie braucht.

7. *Schulen haben die Freiheit ihr eigenes Profil zu gestalten.* Dazu gehört die Möglichkeit die Stundentafel innerhalb eines gesetzten Rahmens aufzulösen und Projekt- und Epochalunterricht anzubieten. Auch jahrgangsübergreifende Modelle sind diskussionswürdig. Man kann nicht immerzu von veränderten Anforderungen an ganzheitliches Denken, Teamfähigkeit und Kreativität reden und die jungen Leute in 45-Minuten-Häppchen, in denen Einzelleistungen abgefragt werden, darauf vorbereiten wollen. Auch dem schwächsten Schüler wird allmählich dämmern, dass Schule nichts mit dem zu tun hat, was für ihn im Leben wirklich wichtig ist.

8. *Schulen haben Partner in anderen Bereichen des öffentlichen Lebens.* Ich verstehe darunter: Wirtschaft, Wissenschaft, Forschung, Institute, Freiberufler. Bisher finden Kontakte nur während des Betriebspraktikums (und dann auch nur einseitig) statt. Die Schule soll nicht nur in die Welt gehen, sondern die Welt auch in die Schule kommen: regelmäßig und mit der Verantwortung einer Patentante. Unserem Bild in der Öffentlichkeit könnte das nur dienlich sein. Fairerweise muss man sagen, dass die meisten Leute keine Ahnung haben, was wir tagtäglich in den Schulen leisten, weil sie es eben auch nie sehen und schon gar nicht Funktionen in den ablaufenden Prozessen übernehmen können. So oft denken wir über irgendwelche Schulkritiker: „Die müssten mal eine Woche meinen G-Kurs erleben!" Tatsache ist aber: Wir lassen sie nicht herein!

9. *Die Gesellschaft übernimmt durch oben beschriebene persönliche Kontakte Verantwortung für die Ausbildung in den Schulen und für die Zeit danach.* Mehr oder weniger Verantwortung äußert sich heute fast ausschließlich in Haushaltsplänen, deren Veränderungen bar jeder Fantasie und Kreativität sind. Es geht um Stellenstopps und Aufhebung von Stellenstopps, um Lehrmittelfreiheit und deren Aufhebung, Kosten werden von einem Etat in den anderen verschoben, aber es geht nicht um veränderte Prozesse und veränderte Rollen. Das kann nicht so bleiben! Großbetriebe könnten zum Beispiel ein festes Kontingent an längerfristigen Praktikumsstellen für Schulabgänger anbieten, Rentner und Pensionäre Kurse zur Erlangung eines höheren Schulabschlusses durchführen. Gesetze, die das behindern, müssen geändert werden. Diejenigen, die in dieser Gesellschaft etwas haben, können es sich nicht leisten, eine Jugend aufwachsen zu lassen, die zu einem zu großen Teil gar nichts hat, sonst werden sie sich bald vor dieser Jugend schützen müssen.

10. *Die Gesellschaft setzt Prioritäten um den sozialen Frieden nicht zu gefährden.* Einsparungen werden nicht linear vollzogen. Man kann eine Weile über Straßen voller Schlaglöcher fahren ohne seine Zukunft zu gefährden. Man kann aber nicht ungestraft einen Teil der jungen Leute ohne Perspektiven und Chancen in die Zukunft schicken.

Schlussbemerkung

Hiermit komme ich zum Ende. Ich hoffe, Sie haben den einen oder anderen Satz gefunden, der für Sie wichtig war, Sie erheitert, Ihnen Mut gemacht oder andere Perspektiven aufgezeigt hat.

Jetzt sind Sie dran!

Ich wünsche mir, dass Sie zu denjenigen gehören, die unsere Schule gestalten und verändern werden, und wünsche Ihnen in diesem schwierigen Beruf von Herzen viel Erfolg.

Kann als Nachwort gelesen werden ...

Und was haben wir nicht alles in der Reformphase der Berliner Schule mit dem nach dem Kriege erwachten heißen Begehren verfolgt:

- Begabung nicht als unabänderliche Vorgabe zu interpretieren, sondern als Entfaltungsprozess zu verstehen für die Anforderungen der heutigen Arbeits-, Sozial- und Kulturbedingungen;
- die Änderung der schulorganisatorischen Voraussetzungen mit Blick auf die zu fördernden breiten Massen moderner Gesellschaften in horizontal gegliederten und verlängerten Bildungsinstitutionen;
- die Entwicklung neuer oder aktualisierter alter methodischer Verfahren wie fachübergreifende Arbeitsweisen, handelnde Ansätze für Theorie und Praxis, exemplarische Lehrformen, individuelle und kollektive Differenzierung, Einsatz aktueller Kommunikationsmittel bis hin zum Computer;
- Aufmerksamkeit und theoretische Beachtung von Lehr- und Lernprozessen, die ein Lernen auslösen und Verhalten vorbereiten, das die Schule aus ihrer Isolation löst und zur Vermittlungsagentur zwischen ihrer eigenen und der Arbeits- und Erwachsenenwelt werden lässt ...!

„Es ist der Charakter der Deutschen", sagte Goethe einmal, „dass sie über allem schwer werden, dass alles über ihnen schwer wird." Vielleicht ist das der Grund, weshalb die immens durchdachten, theoretisch und empirisch abgesicherten, politisch ausgewogenen und in der Sprache nominal anspruchsvoll gehaltenen Texte, Aufforderungen, Leitziele, Effizienzberichte in der gegenwärtigen deutschen Öffentlichkeit, aber auch im internationalen Vergleich so wenig Nachhall haben.

Zum Ende der letzten Dekade dieses Jahrhunderts liegt abermals eine „Denk"-Schrift vor, akribisch das „Haus des Lernens" auf 350 Seiten mit deutscher Gründlichkeit wortreich beschreibend, ein „offenes Angebot" möglicher Lösungswege, immerhin eine „Änderung des Steuerungs- und Verantwortungssystems" empfehlend …

Wie leichtfüßig dagegen kommen Ulrike Handkes Ratschläge daher, nach 25 Jahren Praxis als Lehrerin, Mentorin, Fachbereichsleiterin und Fachseminarleiterin vornehmlich für Lehramtsanwärter und Referendare formuliert. Als erfahrene Englischlehrerin hat sie die pragmatische Zugriffsweise unserer britischen Freunde verinnerlicht, entschuldigt sich gar für die angebliche Theorieferne ihrer praktischen Hilfen für den pädagogischen Alltag und formuliert ‚Basics' für das Verhalten junger Lehrerinnen und Lehrer. Dieser Ratgeber will die Ausgangslage von Berufsanfängern und auch Wiedereinsteigern durch direkte Ansprache akuter Nöte verbessern, indem er häufig erlebbare Situationen aufnimmt, persönlich anspricht, eigene Positionen unprätentiös einfließen lässt und die in einem Vierteljahrhundert reflektierten Erfahrungen methodischer Zugriffe zur Verfügung stellt.

Eine Ermutigung im Sinne Goethes: Weißt du, worin der Spaß des Lebens liegt? Sei lustig – geht es nicht, so sei vergnügt!

Berlin, im Mai 1996
Professor *Ulrich-Johannes Kledzik* Hon FCP